JN439328

그들의 상그릴라로

-마다카스카르 & 에티오피아

양호인 포토에세이

| 책머리에 |

그들의 상그릴라가 있기나 한 걸까?

'가도 가도 끝이 없어 보이는 소금광산의 뜨거운 대지에 서서 아득히 보이는 낙타행렬을 바라보며 문득 제임스 힐턴의 『잃어버린 지평선』을 잠깐 떠 올렸다.'

오지 여행의 백미는 여행지의 삶으로 들어가 봄에 있지 않을까?

마다카스카르의 바오밥나무의 군락지로 가는 길에서 만난 어린 천사들.

오직 삽과 곡괭이로 논과 밭을 일구어내며 살아가고 있는 부지런한 농부들.

강가에서 만난 단락한 가족은 사금을 채취하며 그들의 꿈을 향해 부지런한 손을 움직인다.

영화 「태양은 가득히」를 떠오르게 했던 아나카오 해변의 베조족 청년들.

이른 새벽 낙타행렬을 이끌고 꿈을 찾아 소금사막으로 들어간 이들은 저녁 답 낙타의 등에 얹어진 그들의 꿈과 희망을 싣고 기나긴 카라반을 떠난다.

19세기에나 있었을 법한 그들의 삶을 바라보며 그들의 샹그릴라를 향한 꿈의 무대로 다가가 보았다.
그곳에는 내 어린 시절의 꿈, 벗, 그리운 엄마가 기다리고 있었다.
긴 여행 동안 나와 함께 했던 모든 것들이 내 마음속에 울림으로 채워지며 긴 여운으로 남아 있음은 그곳에서 고향의 모습을 보아서이다.
이 글을 쓰며 나는 다시 한번 마다가스카르의 들판으로, 에티오피아의 소금광산으로, 불타오르는 에르트알레 화산, 아름다운 달롤유황 화산으로의 여행을 즐긴다.

2020. 5. 29. 저자 양 호 인

1. 착한 바오밥 나무

14 영화의 한 장면처럼
19 부끄러운 내 마음
24 길 위의 사람들
30 선택
35 그들이 가야 할 곳은
42 마음으로 채운 아침
49 착한 바오밥 나무

2. 고향의 봄

56 고향의 봄
60 아침은 드셨는지요?
64 인생의 맛
69 포화에 잡힌 다랑논

3. 꿈

76 부듯가 삼 형제
82 빨래터 소경
86 금을 캐는 사람들
92 꿈

4. 자카란다의 도시에서

98 랍스터는 Good!
104 벽돌공장
110 자카란다의 도시
116 천사들의 나라
121 불타는 대지

5. 다나킬의 티그리족 그들의 상그릴라로

130 신의 나라를 가다
135 다나킬로 가는 길
141 원시 속으로
147 다나킬의 티그리족, 그들의 샹그릴라로
153 달롤유황화산

6. 에르트알레 화산으로

160 커피의 나라
165 에르트알레 화산으로 간다
172 미친 열정
179 소금 알갱이들의 외침
185 방앗간 풍경

7. 시바 여왕의 나라

192 시바의 여왕의 나라
199 기도
204 랄리벨라
210 성조지교회의 아침
215 믿는 자에게 복이 있나니
220 하라르의 소녀
225 한판 승부
232 모세의 지팡이

238 양호인의 수필세계 오경자

Madagascar

1

착한 바오밥 나무

황금색 석양빛이 찾아든 바오밥 나무를 카메라에 담으며 나는 30여 년 전 읽었던 어린왕자 속의 바오밥 나무를 떠올렸다. 어린 왕자가 미처 뽑아내지 못한 이곳의 바오밥 나무는 착한 나무가 되었는지 웅장하고 화려한 모습으로 서 있었다.

영화의 한 장면처럼

벌써 여행을 다녀온 지가 두 달이나 지나 버렸다. 바쁜 일상에 얽매여 외장하드에 꾸깃꾸깃 담긴 4,000여 장의 사진은 이제야 집 밖으로 나왔다. 16박 17일 동안 마다카스카르 여행, 이제 다시 내 사진과 함께 두 달 전 그 시간 속으로 나를 불러들인다. 다시 나는 여행을 시작하는 셈이다. 사진을 보며, 그날을 회상하며 글을 쓰는 동안 나는 다시 17일간 여행으로 다시 들어가게 될 것이다.

이번 여행은 출발에서부터 예기치 않는 다양한 이벤트가 기다리고 있었다. 10월 15일 15시 인천공항을 떠난 대한항공편 비행기는 약속된 5시간 30분을 어김없이 채우고 방콕 국제공항에 도착했다.

다음 날 새벽 0시 35분 비행기를 타야 하는 우리는 공항호텔에서 이른 휴식을 취하며 느긋하게 연결 항공편을 기다렸다. 시간이 다 되어갈 무렵 청천벽력 같은 소식이 전해진다. 비행기가 결항이란다. 왜? 모른단다. 이유도 없이, 다음 항공편은 언제냐는 질문에 그것도 모른단다.

그야말로 미치고 펄쩍펄쩍 뛸 노릇이다. 인솔자는 땀을 뻘뻘 흘리며 이리 뛰고 저리 뛰기를 수 시간을 보내고 나서야 이유는 알 수 없고, 그러니까 다음 편에 자리가 나면 탑승할 수 있다는 어정

쩡한 답변을 들고 돌아왔다. 낯빛은 흙빛이었다. 그래도 일행은 오지 관광을 좀 다닌다는 사람들이라 그럴 수도 있다는 듯이 기다린다고 한다. 아니 기다릴 수밖에 다른 방법이 없었다.

아마 우리나라 항공사 같았으면 책임자 나와라, 사장 나와라, 난리가 났을 것이다. 상대가 K 항공이니 수차례 말해 봤자 똑같은 대답만 돌아오니 어이가 없는 우리는 그냥 가만있자고 중지가 모였다. 혹시 다음 편에 태워주려다가 괘씸죄로 그것마저 놓치면 어쩌나 싶은 생각이 우리를 지배하기 시작하자 그냥 괜히 주눅이 들어가고 있었는지도 모른다.

로마에 가면 로마의 법을 따라야 한다며, 괜스레 라운지에서 먹을거리만 축내며 그 나라에 쿠데타가 일어났는지 모른다는 둥, IS가 사달을 냈다는 둥 있지도 않은 사건들을 무시로 만들어 냈다. 그런저런 상상과 고민, 약간의 두려움을 부둥켜안고 무려 9시간 이상을 온갖 소설을 머릿속으로 쓰며 보내고 있는데 갑자기 비행기를 타라고 한다. '걸음아 날 살려라' 하고 후다닥 짐을 챙기고 올라탄 비행기에는 주인을 찾지 못한 빈 좌석들이 즐비하다.

아뿔싸! 아마도 손님이 모자라자 한 편을 아웃시켜 버린 모양이다. 물론 추측이지만. 항공사는 배가 고프건, 말건 우리는 1인 3좌석을 용감히 차지하고 침대 삼아 8시간 30분을 비행한 후 나이로비 공항에 도착했다.

그곳에서 다시 마다카스카르의 수도 안타나나리보행 비행기를 탈 예정이다. 우리는 5시간쯤 후에 출발 예정인 비행기 탑승을 확인하고 공항에서 대기할 예정이었다. 그런데 여기서도 사달은 기다리고 있었다. 또다시 비행기는 탈 수 없단다. 이유? 물론 알 수 없다. 언제까지? 이것도 물론 알 수 없다. 인솔자가 무지막지한 발품을 팔고 난 후에야 다음 날에나 갈 수 있단다. 물론 시간은 아직 모른단다.

나 원 참, 모두가 나 원 참밖에 할 말이 없었다. 항공사는 미안하다는 말은 고사하고 고압적인 자세 일색이다. 거기다가 더 가관인 것은 숙박 시설도 공항에 없으니 출국 절차를 밟고, 밖에 나가서 알아서 자고, 다시 입국 절차를 밟고 들어오라고 한다. 하긴 공항의 모양새가 숙박 시설이 있을 것처럼 생기질 않았다. 앉아 있을 의자도 마땅치 않으니 땅바닥에 주저앉아 기다려야 하는 처량한 신세로 전락하고 만다.

아마도 현지 시각으로 14시경인가 도착했으니 찌는 듯한 더위 속으로 쫓겨나서 그저 그런 숙박 시설에서 그것마저도 있을지도 모르는 그런 곳을 찾아 나설 생각을 하니 갑자기 집이 그리워지기까지 한다. 도대체가 항공사 직원들은 누구도 시원한 대답이 없다. 대책도 없이 그냥 기다리는 것만이 최선이라는 투이니 말해봤자 본전도 못 찾는 꼴이다.

일행은 의자도 없는 공항의 이 구석 저 구석에 삼삼오오 찡 박혀 있는 듯 없는 듯 숨만 쉬고 있다. 인솔자는 출입국카드 작성하느라 땀과 한숨이 몇 양동이는 쏟아져 나오고 있었다. 잘못하면 공항 노숙자 신세가 되는 것은 아닌지 원. 하긴 K 항공 탑승자 중 한 한국인은 하루쯤 지체하는 것은 그 중 다행이라고 했다. 삼사일씩, 일주일씩도 아무 말이 없이 결항하는 게 다반사라 하였으니, 다행이라 여겨야 할 판이었다.

저만치서 엉덩이가 뒤로는 십 리쯤 나와 있어 보이고, 배는 앞으로 오 리는 나와 있는 듯하고 머리는 그 아프리카 특유의 밧줄처럼 꼬아 땋은 머리를 틀어 올려 나름의 멋을 한껏 부린 뚱뚱한 여자가 나타났다. 뭔가 잔뜩 포스가 들어가 있는 활기찬 걸음으로 우리 일행에게 다가왔다. 아마 이곳 공항에서 본 사람들은 이런 차림새가 좀 잘나가는 사람들의 모양새인 모양이다.

그녀가 다짜고짜 '비행기를 못 탄 사람이 두 명이냐 세 명이냐'는 질문이다. 열 명이라며 우리는 벌떡 일어났다. 그 여자는 무언가 새로운 이정표를 제시할 것 같은 그런 예감이 우리 모두에게 강력한 펀치를 날리며 다가왔기 때문이다. 누군가 그랬다. 저 여자를 잡아야 할 것 같다고. 그 여자가 마치 신의 보낸 사자 같았다.

그녀는 항공사 직원들 사이를 쏜살같이 비집고 들어갔다. 그곳에서 그런 날쌘 행동을 보인 사람은 그녀가 처음이다. 그 여자는 뭐라 뭐라 하더니 우리 대표를 부른다. 직접 가는 비행기는 내일이나 되고 그것도 정확하지 않고 모로니라는 섬을 경유하여 가는 비행기는 저녁 9시 30분에 탑승 가능하다는 것이다.

따져볼 게 무언가. 무조건 오케이다. 새로운 섬 하나를 스케줄에 추가하면 될 일 아닌가. 이런 것이 오지 여행의 특권일지니. 그렇게 탑승한 비행기는 탑승한 후에도 한 시간을 지체한 후 이륙하는데 성공했다. 어쨌든 떴다. 그게 우리에겐 무엇보다도 중요한 사실이니까.

모로니 섬에서는 내리는 게 아니고 그냥 또 비행기 안에서 1시간쯤 기다린 후 이륙하는 것이어서 모로니 섬은 구경도 못 했다. 거기다가 깜깜한 밤이니 바깥 풍경조차 볼 수 없었다. 모로니 섬을 출발한 비행기는 다음 날 밤, 그러니까 16일 14시 30분 도착 예정인 마다카스카르의 이바토 공항에 17일 23시경에야 도착할 수 있었다.

이런 세상에. 그래도 우린 도착했다. 그 안도감이 더 커서인지 아무도 투덜거리지 않았다. 그저 우리는 참 좋은 나라에 사는 국민이라는 자부심만 커질 뿐.

시장 통인지 시끄러운 소리가 끊이지 않는 허름한 호텔에서 잠깐 잠을 청한 후 18일 04시 마다가스카르의 바오밥나무, 어린 왕자 속의 그 바오밥나무를 만나러 모른다바로 떠났다.

그 길에서 만난 시골의 아침 풍경, 그것은 마치 밀레의 그림처럼, 60년대 서부 영화의 한 장면처럼 아스라한 추억을 안고 내 카메라로 들어왔다. 그 사진 한 장으로 그 전날 비행기 소동은 까맣게 잊혀갔다. 새로운 세계로의 여행을 꿈꾸는 내 카메라의 화인더에는 영화와 같은 장면들이 담기기 시작했다.

2016년 12월 28일

부끄러운 내 마음

마다카스카르 여행은 10월 18일 04시, 그러니까 60여 시간의 우여곡절을 겪은 다음 날 새벽 본격 시동을 걸었다.

마다카스카르의 수도 타나(안타나나리보)에서 바오밥나무의 고장 모른다바로 향한 출발이다. 그곳 타나의 사람들은 그 시간에 이미 하루의 일과가 시작되고 있었다. 농산물을 손수레에 끌고 오는 사람. 자전거에 가득 싣고 오는 사람, 자전거에 실려 있는 파 단은 그 크기가 땅에 닿을 듯 늘어져 더는 곤란했던 모양이다. 머리에 이고 오는 망고 광주리에서는 망고 향이 가득 퍼지고, 새벽을 달리는 청년들의 모습까지. 이곳 사람들의 새벽 일상이 고스란히 담긴 타나의 아침을 우리는 그렇게 맞이하였다.

아마도 이곳 사람들도 옛날 우리네 아버지 어머니들 세대만큼이나 부지런하고 건강한 삶을 살아가고 있을지도 모른다는 생각하게 하는 아침은 상쾌한 냄새가 났다.

아슴푸레하게 밝아오는 들판을 가로질러 곧게 뻗은 2차선 도로는 곳곳이 패여 있긴 하였지만, 공항에서 인솔자가 겁을 주던 것과는 사뭇 달랐다. 아마도 인솔자가 일부러 겁을 주어 우리의 기대치

를 낮추게 한 게 아닌가 싶다. 오히려 '괜찮은데 뭘' 하는 반대 효과를 기대한 한 수 높인 설명에 넘어간 것인지도 모른다.

동녘 끝 지평선에 태양이 떠오르기 시작하자 황량한 들판은 푸르른 황금빛으로 물들기 시작한다. 길섶의 웃자란 잡초는 마치 가을 들판의 볏짚처럼 황금빛에 물들어 황량한 아름다움을 발산한다.

일행은 석 대의 자동차에 나누어 탔다. 밤잠을 설쳤으니 당연히 일행도 나도 꾸벅꾸벅 졸고 있어야 마땅할 터이지만 머릿속은 졸고, 눈은 말똥말똥 처음 보는 풍경을 놓치지 않으려고 안간힘을 쓴다.

한참을 달리니 어느 한적한 다리 밑, 무리의 사람들이 무언가에 열심인 모습이다. 어른, 아이 할 것 없이 손에는 삽이나 곡괭이가 들려져 있다. 아기가 엄마의 등에서 쌔근쌔근 자고 있기도 하고 널찍한 바위에 자리를 깔고 어린 누나의 보살핌을 받고 있기도 하다.

인솔자의 안내에 의하면 사금을 채취하는 것이라고 한다. 마다카스카르는 금 매장량이 세계에서 몇 번째 안에 든다고 한다. 이들이 모두 그 사금 채취를 위해 이른 새벽부터 강가의 모래를 파고 채로 거르는 작업이 한창이다. 불과 열 살 남짓해 보이는 소년 소녀, 아니 6, 7세인지도 모를 아이들의 손에 잡힌 곡괭이와 삽은 능숙한 그네들의 솜씨에 제구실을 충분히 해내고 있었다.

아마도 그 아이들은 그곳에서 캐내는 사금에 희망도 얹어 놓았을 것이다. 그렇게 채취된 금이 얼마나 그들의 삶에 도움을 주고 있는지 알 수 없지만, 그곳의 금 채굴업자들은 아주 싼값에 그들의 노동력을 사가고 있다는 얘기이다.

마다가스카르는 대륙이 표류하는 과정에서 1억6천500만 년 전에 아프리카 본토에서 떨어져 나왔다. G.N.P가 아직도 431달러라니 그동안 그들의 부지런한 노동력은 제값을 받지 못한 모양이다.

그런데도 그 아침, 강가의 사람들의 표정은 너무나 맑고 행복해 보인다. 힘든 육체적 노동이 그들을 충분히 지치고 힘들게 할 텐데 그들의 표정은 오히려 행복해 보이기까지 하다. 처음 보는 낯선

우리를 맞는 그들의 표정에서 호기심과 정감이 넘쳐난다. 약간의 수줍은 표정을 지으며 살며시 다가와 난생처음 보는 커다란 카메라 속의 자신들의 모습에 너무도 즐거워하며 깔깔거린다.

마치 모델이라도 된 양 포즈를 잡는 그네들은 타고난 모델 그 자체이다. 그네들은 그날 우리를 바라보며 신세계를 경험했는지도 모른다. 즐거운 표정으로 우리를 쫓아다니며 펄쩍펄쩍 뛰는 아이들을 바라보는 어른들의 눈빛 또한 사랑으로 가득한 얼굴이다. 아마도 그들의 미소는 그들의 오늘 채취해 낸 사금의 양보다 더 값진 행복한 눈빛일 것 같다.

나는 그네들에게서 무언의 메시지를 읽는다. 아직도 욕망의 실타래를 놓지 못하는 우리네 삶의 한 단면들을 질타하는 그런 메시지 말이다. 그네들의 맑고 행복한 표정을 카메라에 담으며 나는 생각해야 했다. 행복의 척도는 우리네 마음, 우리네 가슴속에 담긴 욕망의 덩어리를 어떻게 끌어내는가에 있음을.

생각해 보면 우리의 삶 또한 이들과 다르지 않았던 것 같다. 논이라고는 만들 수가 없었던 지형 탓에 제주도는 밭농사가 주를 이루었다. 겨울이 채 가시지 않은 이른 봄엔 보리밭을, 따사로운 봄이면 유채밭을, 여름이면 콩밭을 매야 했던 우리네 어머니와 어린 우리들의 손에도 어김없이 호미와 낫이 들려 있었다.

어린 우리의 손에 들려졌던 호미도 마치 마다카스카르의 금을 캐는 그들처럼 금보다 더 값진 미래를 향한 호미질이었을 것이다. 그 농작물 수확이 가져다줄 미래를 꿈꾸던 시절이었을 테니까. 고향의 밭담, 그늘진 나무 밑, 아기 바구니에서 쌔근쌔근 잠들어 있던 어린 동생이 생각난다.

불과 50여 년 뒤 지금의 우리가 그들보다 앞선 물질문명 가진 탓에 더 행복하다고 생각하여 그들을 향한 안타까운 시선, 불행할 것이라는 시선을 가지고 있음은 우리만의 편견이 아닐까?

내가 담은 그 소녀의 표정을 보며 나는 부끄러운 내 마음을 숨겨야 했다.

2016년 12월 31일

길 위의 사람들

마다가스카르의 안타나나리보에서 바오밥나무의 고장 모론다바로 가는 길이다.

동이 트기도 전 출발한 차량이 비좁은 길을 구불구불 달려 다다른 곳은 꽤 많은 사람이 붐비는 번잡한 마을의 한 시장 앞이다.

세계 어느 곳을 가든 시장 사람들을 만나는 것은 특별한 감동을 준다. 그네들의 진솔한 삶의 속살들을 들여다볼 수 있기 때문이다. 허름한 나무판자를 이어 붙여 만든 상점에 수십 개의 망고 열매가 노랗게 익어가는 모습으로 유혹한다.

한국에서는 그 비싼 망고가 그곳은 넘쳐난다. 아침 빛을 받으며 일단의 아낙네들의 파안대소가 이어진다. 우리네 눈으로 보면 장사를 하는 건지 한담을 하는 건지 분간이 가지 않아 보이지만 그네들의 일상은 그처럼 평안한 모습이다.

짙은 망고 향이 입맛을 자극한다. 인솔자에게 눈짓하며 몇 개 사자고 해본다. 인솔자는 여기는 아니라며 걱정하지 말라고 한다. 돌아갈 때까지 망고는 질리도록

Recharge
Souscription

먹을 수 있도록 해 준단다. 당장 먹고 싶다는 내게 조금만 더 기다리면 훨씬 더 맛있는 망고가 기다리고 있다며 제지한다.

그런 우리의 모습을 보면서도 그네들은 그저 우리의 표정만 바라볼 뿐 아무런 액션이 없다. 속으로는 그랬다. 이 사람들이 이러다가 밥이나 먹겠나 싶었다. 그러니 가난을 벗어나지 못하는 것 아닌가 싶기도 하였다.

하지만 그건 그네들의 삶의 방식일 뿐이라고 한다. 결코, 게으르거나 나태해서가 아니란다. 그네들은 이미 새벽에 소정의 목표를 다 채웠을 것이라고 한다. 그러니 그 시간쯤 사진 속의 모습들처럼 평안한 시간을 즐기고 있을 것이라는 얘기이다.

우리처럼 24시간을 그악스러운 심경으로 살아가지 않을 뿐이라는 것이다. 그럴 필요가 없기 때문이다. 왜냐하면? 글쎄 무언가로 충분히 설명할 순 없지만 몇 년 동안 살아본 인솔자의 눈에 비친 그네들의 모습이 그렇다고 한다. 우리처럼 악착을 떨지 않아도 그들은 충분히 행복하게 살고 있다는 것이다.

나는 다시 내 잣대를 들이댄 셈이다. 아닌 게 아니라 이곳 사람들의 얼굴에서는 밝고 맑은 모습의 표정이 역력하다. 누구 하나 '나는 참 불행합니다.'라고 말하는 표정은 보이지 않는다. 아마도 우리나라의 시장이었다면 우리들의 손에는 틀림없이 까만 봉지 하나쯤 들려있었을 것이다. 우리네 시장 상인들의 다감하고 달콤한(그악한) 유혹을 벗어나지 못했을 테니까.

아직 자동차 보급이 미약한 수준인 마다 사람들의 교통수단은 두 발이 제일 많

구릿빛 얼굴에 깊숙한 눈매, 무언가 알 수 없는 묘한 분위기를 느끼게 하는 그런 표정이다.

이 사용된다고 한다. 번잡스러운 시장의 사람들은 물론이고, 거리의 사람들은 대부분 걸어서 다닌다. 교통편이 흔하지도 않을뿐더러 교통비를 절약하기 위함인지도 모른다.

아마 60년대쯤 내 기억 속의 우리도 교통비가 아까워서 4, 5킬로 정도는 걸어 다녔던 기억이 나는 것을 보면, 아마 그때쯤 우리들의 생활 수준이 지금 이곳 사람들과 비슷했었나 싶다. 조금 더 여유가 있는 사람들은 인력거를 탄다. 인력거는 대로변에 줄을 지어서 사람들을 기다린다. 수십 대의 인력거를 끄는 이들은 건장한 청년들이 대부분이다. 아직 그들에게는 제조업이 발달하지 않은 편이니 그들을 맡아줄 공장도, 회사도 태부족이다. 농업이나 광업에 의존하다 보니 일감을 찾아 무작정 도시로 나온 젊은이들에게 기다리고 있는 일감은 그런 정도의 일자리가 기다릴 뿐인 모양이다.

길가에서 손님을 기다리는 한 청년이 내 카메라 화인더에 들어왔다. 그네들은 일찍 결혼한다고 하니, 어쩌면 이미 아이 아빠가 된 사람인지도 모른다. 구릿빛 얼굴에 깊숙한 눈매, 무언가 알 수 없는 묘한 분위기를 느끼게 하는 그런 표정이다. 노란 덮개가 씌워진 그의 인력거는 손님을 기다린 지 한참 된 모양이다.

낡아빠지고 탈색된 티셔츠와 기름때가 잔뜩 묻은 반바지 차림의 그 청년의 옆모습을 카메라에 담는다. 서너 컷의 사진이 카메라에 담길 무렵 그 청년의 시선이 나를 향한다. 그리고 엄지를 척 세우며 포즈를 잡는다. 마치 헐리우드의 배우처럼 멋진 자세로 찍혀진 그 청년의 사진은 길 위의 사람들을 대표하는 폼나는 모습으로 내 카메라에 담겨 있다.

그의 표정이 말하는 것 같다. 내 멋진 포즈만큼이나 '내 인생도 살맛납니다'. 라고. 그저 내 눈에 비친 그곳 사람들의 겉모습만으로 그네들이 측은해 보임은 어쩌면 내 기준에서 바라본 괜한, 주제넘은 기우인지도 모른다. 아니 어쩌면 그악스럽게 살아내던 지난날에 대한 회한이 가슴속 어딘가에서 스멀스멀 올라와서인지도 모르겠다.

2017년 정유년의 첫날 아침, 이 사진 한 장으로 오늘 나는 나의 편견을 지우고 행복한 표정으로 살아가는 그네들의 삶에서 또 다른 행복의 조건을 발견한다.

2017년 1월 1일

선택

무언가 새로운 느낌을 찾아서 떠난 여행지, 마다가스카르의 상징 바오밥 나무의 고장 모른다바로 가는 길목이다. 드문드문 시골 아낙들이 야채 등 지역 특산물을 팔기 위해 길가에 장터를 마련하고 있었다.

우리네 풍경과 크게 다르지 않은 그들의 모습에 사뭇 반가움을 느낀다. 우리처럼 쌀이 주식인 그들도 우리와 별반 다르지 않게 양배추, 당근, 감자 등을 팔고 있었다.

농약은 고사하고 아직은 화학비료도 태부족이니 모두가 유기농인 셈이다. 몇 무더기에 1,000아리라고 한다. 우리나라 화폐로 환산하면 400원 정도이다. 밭에서 금방 뽑아 내왔는지 싱싱한 모습이다. 먹어보라고 주는 당근을 한 입 베어 물어보았다. 수분이 담뿍 배인 달큰한 맛이 일품으로 우리네 당근 맛이나 다를 바 없다. 맛있다며 엄지를 들어올려 보이자 아낙네의 얼굴

이 활짝 피어난다. 비위생적일 것이라는 지인의 만류에도 한 무더기 사서 나누었더니 맛있다며 모두 하나씩 손에 든다.

카메라를 들고 이곳저곳의 풍경과 생활상을 담는 우리에게 한 아낙이 광주리를 머리에 이고 일어서며 찍으라는 시늉을 한다. 몇 컷 찍고 나더니 일행들은 아예 전문 모델을 삼을 심산이다. 철로 변으로 데리고 가더니 이런저런 포즈를 취하라고 요구한다. 아낙이 장사해야 한다는 것인지 난감한 표정을 짓자 선뜻 돈을 흔들어 보인다. 아낙이 표정이 이내 밝아진다. 철로 변에서 광주리를 머리에 인 아낙은 한참 동안 그렇게 우리의 모델이 되었다.

그녀에게 지급된 모델료는 무려 5,000아리, 우리식 계산으로는 겨우 2,000원이 채 안 되는 돈이다. 그러나 그들에게는 그날 길가에 나온 야채를 절반 이상을 살 수 있는 돈이라 하니 적당한 모델료를 지급한 것인지에 대한 고민이 필요하다는 생각을 접을 수가 없다. 일행들은 그 아주머니 횡재했다며 웃었지만, 이내 그 이후 일어날 일에 대해 걱정하는 목소리가 높아져

카메라를 들고 이곳저곳의 풍경과 생활상을 담는 우리에게 한 아낙이 광주리를 머리에 이고 일어서며 찍으라는 시늉을 한다. 몇 컷 찍고 나더니 사람들은 아예 전문 모델을 삼을 심산이다.

갔다. 철로 변을 내려다보고 있는 한 사내와 함께 그녀를 카메라에 담으며 나는 이 사진의 의미를 되새겨 보았다.

아직은 문명의 이기가 채 스며든 것 같지 않은 이 나라, 이 한적한 마을에서 우리가 하는 이 행위가 몰고 올 파장이 염려되어서이다. 우리나라에서도 풍광이 좋은 호수, 산야 등 독특한 풍경이 있는 곳마다 사진인들이 다녀가면 얼마 되지 않아 그곳 사람들은 사진작가들을 대하는 태도가 달라져 버리는 경우를 여러 번 보아왔기 때문이다.

물론 그곳은 우리나라처럼 사진인들이 많지 않긴 하지만, 우리와 같은 외국인들이 뿌려 놓은 그릇된 씨앗이 자라 이곳의 풍토를 퇴색하게 해버리는 게 아닐까, 하는 염려가 앞서기 때문이다.

인생은 선택의 연속이다. 그 아낙네가 광주리를 머리에 이고 선택한 그날의 횡재는 며칠 동안 그녀가 팔아야 할 채솟값을 훌쩍 넘는 수익을 보장했지만, 자칫 이제 다시는 야채 따위를 팔고 싶지 않게 할지도 모른다는 기우가 생기는 것은 왜일까?

그네들의 고단한 삶을 도와주고 싶다는 마음에 선뜻 내어줘 버린 우리의 선택이 그들의 삶을 송두리째 흔들어 버리는 것은 아닌지, 걱정되는 것은 아마도 우리 식의 기우가 담겨 있어서일 것이다. 그 아낙의 선택이 우리의 기우처럼 되지 않기를 바라는 마음 간절하다.

2017년 2월 8일

그들이 가야 할 곳은

바오밥나무의 고장 모른다바에서의 둘째 날 새벽, 인솔자는 바오밥나무와 일출을 찍을 수 있는 곳이라며 우리를 안내한다.

수령이 5,000년씩이나 된다는 바오밥 나무는 어둠이 채 걷히지 않은 이 아침의 모습은 어떤 모습일까? 상상해 본다. 수령이 그쯤 되면 우리네 마을을 지키던 당산나무처럼 기괴하고 신령스러움을 간직하고 있을지도 모른다는 생각을 해본다. 더구나 호수에 비친 모습을 볼 수 있다 하니, 그 큰 나무를 품은 호수 속에서 황룡이 튀어나올지도 모른다는 어이없는 생각에 젖어 있는 내가 우스워 몰래 슬며시 웃고 말았다.

아직 어둠이 채 가시지 않는 좁은 길을 따라가는 동안 비좁고 음습한 길이 계속된다. 비포장에 팬 곳이 많은 비좁은 길은 우리를 들었다 놨다 하며 마음마

저 덜컹거리게 한다.

가는 동안 이런 곳에 웬 바오밥 나무가 있겠냐 싶어 일행은 투덜거리기까지 한다. 오지 여행을 많이 한 일행 중 한 명이 보물은 원래 깊숙한데 있는 것이라며 느긋이 기다리라고 다독거린다. 아니나 다를까 비좁은 길을 벗어난 그곳엔 야트막한 웅덩이와 함께 바오밥 나무가 물속에 거꾸로 서 있다. 마치 가뭄 끝자락 말라버린 한라산 백록담의 모습처럼 황룡은 고사하고 올챙이나 개구리쯤 겨우 살아낼 수 있을지 모르겠다. 꽤 넓은 면적의 호수였던 것 같은데 가뭄이 그곳을 그 모양으로 만들어 버린 모양이다. 가뭄에 말라버린 호숫가는 이미 잡풀이 점령하였으니 다시 호수가 되긴 그른 모양새이다.

아침 빛을 받은 하늘과 웅덩이가 되어버린 호수이긴 하지만, 그 물속은 황금빛 새벽이 왔음을 알리는 데 부족함이 없다. 나도 그 풍경에 매료되어 연속 카메라 셔터를 눌러댔다. 가로프레임, 세로 프레임, 반영을 찍어보기도 하고 물속에 거꾸로 선 바오밥 나무와 메마른 흙바닥의 갈라진 모습의 조화로움을 찍어보기도 한다. 빛의 색깔이 변화로 같은 피사체라 할지라도 시시각각 전혀 다른 사진 샷을 주기 때문에 반복적인 촬영에 열심이다. 일행은 모두 숨죽여 촬영이다.

동력 하늘이 희끄무레하게 밝아오기 시작할 무렵 서너 마리씩의 닭을 둘러멘 일단의 마을 사람들이 우리를 향해 걸어온다. 물어볼 것도 없이 그들을 향해 커다란 카메라 총구가 연타를 날린다. 우리들의 모습에 더 놀랐는지 그들은 우리를 쳐다보지도 않고 가던 걸음을 더 재촉한다. 시오리는 걸어야 갈 수 있는 장

으로 닭 팔러 가는 사람들이라고 한다. 그들을 섭외하여 사진을 찍자는 제안에 인솔자가 섭외에 나섰지만 갈 길 바쁜 그들은 아랑곳하지 않는다. 사례를 충분히 하겠다는 말에도 콧방귀도 안 뀐다. 우리 일행들은 모두 어이없다는 표정을 짓는다. 그 닭을 산다고 해보라며 야단이지만 어림없는 일이란다. 그렇게 첫 번째 마을 사람들은 속절없이 떠나고 말았다.

두 번째 마을 사람들이 나타나자 재빨리 거의 애원 조로 10분이면 된다며 사정한 끝에 호수를 한 바퀴만 돌아 주고 가는 것으로 하고 거래는 성사되었다. 그렇게 찍은 사진이다. 아마 그들은 우리에게 받는 많은 액수의 돈보다 이미 무언의 약속을 맺은 그들의 오래된 고객과의 약속이 더 소중했는지 모른다. 그네들의 삶의 가치와 패턴을 무시한 우리의 처사에 그들은 전혀 아랑곳하지 않는 모습이다.

어찌 생각해 보면 그날 우리에게 예기치 않은 사례금을 받은 대가로 잃어버릴 그들만의 약속이 더 소중하고 값진 것이었음이 당연하리라. 그러니 우리들의 요청을 간단히 거절하고 잰걸음을 옮겼을 것이다. 그들의 생활 수준으로 보아 절대 적지 않은 액수였을 텐데도 말이다.

우리가 우리의 잣대로 그들을 재단하는 동안 그들은 그들의 삶의 방식대로 행동하는 모습을 보여준 셈이다. 그들의 그런 행동을 바라보며 의아해하던 우리의 표정이 더 어처구니없었을지도 모를 일이다. 가만히 생각해 보면 우리가 참 부끄러운 행동을 하고 만 것이다.

황급히 솟아오른 밝은 태양이 바오밥 나무의 손바닥에 살포시 얹어질 즈음, 우리는 카메라 화인더에서 눈을 뗀다.

닭을 둘러멘 청년을 향해 카메라를 들이대며 우리는 부끄러운 마음을 숨겨야 했다.

우리를 향해 모델이 되어준 그 젊은이도 자기가 빨리 갈 수 있게 해달라는 몸짓을 연발한다. 알았다며 잠깐만, 잠깐만 하며 주저앉히는 우리가 그 청년은 정말 야속했을지도 모르겠다. 사진을 얻기 위해 우리는 우리의 마음속에 자리 잡은 물질만능주의의 실상을 여과 없이 모두 보여 버린 셈이다. 가야 할 곳이 따로 있다는 표정을 숨기지 않은 채 그 청년은 촬영이 끝나기 무섭게 잰걸음으로 일행을 향해 발걸음을 옮긴다. 그 청년을 바라보며 우리가 정말 이곳 사람들에게 무슨 짓을 하는 것인가 하는 회한이 밀물처럼 밀려왔다. 그들에게 잘못된 문화를 심어줘 버리지나 않을까 하는 염려가 마음 한 곳을 짓누른다.

그곳 모론다바의 사람들은 때묻지 않는 순수한 눈빛과 가슴으로, 맑은 웃음으로 우리를 대한다. 그들을 보며 때로는 문명의 발달이 사람들의 마음을 더 보잘것없게 만들고 있을지도 모른다는 생각을 접을 수가 없다. 그네들의 그 아침에 가야 할 곳이 그들의 오랜 지인들, 그들을 기다리는 사람들이 있는 곳이었듯이 우리 또한 우리가 가야 할 곳, 선진 문명을 사는 우리가 그들에게 보여주어야 할 것이 무엇인가를 곰곰이 생각해 보아야 할 것 같다.

경제적 수준이 삶의 질의 척도가 될 수 없듯이, 삶의 가치 또한 경제적 수준으로 재단할 수 없음을 그들의 잰 걸음을 보며 다시 한번 생각하게 하는 아침이다.

황급히 솟아오른 밝은 태양이 바오밥 나무의 손바닥에 살포시 얹어질 즈음, 우리는 카메라 화인더에서 눈을 뗀다. 그리고 하늘을 보며 모론다바의 눈부신 햇살을 즐긴다. 나도 이미 그들의 순수한 감성에 매료되어 가고 있음을 느낀다.

이것이 오지 여행이 주는 묘미일지니.

2017년 1월 6일

마음으로 채운 아침

우리는 다시 모른다바에서 안치라베로 이동한다. 아마도 마다 여행의 네 번째 날인 것 같다. 현대차의 SUV와 스타렉스승합차, 토요타의 SUV 등 3대의 차량에 나누어 탄 우리 일행은 다시 12시간의 로드 투어를 시작했다.

새벽 4시에 숙소를 나온 우리는 간단한 간식거리로 요기를 하고 출발했다. 그렇다고 가는 도중에 근사한 레스토랑이 있는 것도 아니니 그날 우리들의 아침 식사는 한국산 라면이 될 것이라고 한다. 아직 전기가 공급되지 않은 시골길을 가야 하니 당연히 어느 민가에 들어가 불을 빌려 라면을 끓여야 한다.

아침볕이 부드럽게 찾아든 시골 마을 어귀에 우리 일행은 차를 세웠다. 인솔자가 몇 호 안 되는 민가로 들어가서 섭외를 하더니 불을 빌리기로 했다. 불이라고 해봐야 예전에 우리나라에서 쓰던 화로 비슷한 곳에 숯으로 된 연료이다.

숯에 불을 피워 라면을 끓일 물을 데우는 데만 30분 이상이 소요되는 셈이니 라면을 먹는 데는 4, 5십 분 이상을 기다려야 한다. 우리나라의 대표적인 페스트푸드가 거기서는 슬로우푸드가 되고 만다.

우리의 모습이 신기한지 마을 사람들이 우르르 몰려 나와서 우리를, 그리고 라면을 구경한다. 라면이 그곳 사람들에게는 처음 보는 음식인지도 모르니 당연히 신기할 수밖에.

갑자기 고교 시절 늦은 귀가 후 양은 냄비에 동생 몰래 끓이던 귀한 라면이 깜빡 졸음에 검정 숯이 되어 버린 날, 너무나 야속했던 진한 아쉬움이 가슴속에서 뭉게구름처럼 솟아올랐다.

이른 새벽인데도 마을에는 여자와 어린아이들만 보인다. 라면 끓일 물이 데워지는 동안 우리는 그들의 사진을 찍었다. 이곳 마다가스카르에서 느낀 점은 이곳 사람들은 시골이든 도시이든 사진 찍히는 것을 마다하지 않고 오히려 즐거워한다. 카메라 렌즈를 열면 그들은 적극적으로 포즈를 취하거나 부끄러운 표정으로 다가선다. 그런 그들의 모습을 담으며 참 따뜻한 사람들이라는 생각이 들었다.

초가집 앞에서 억새를 쪼개는 할머니와 아이를 안은 엄마의 사진은 여느 시골의 모습처럼 정겹고 살갑게 느껴진다. 통통하게 살이 오른 볼에 동그란 눈을 한 아기를 안고 있는, 마치 누나처럼 보이는 엄마를 보며 6, 70년 전쯤 우리네 엄마들의 모습을 상상해 보았다. 아빠는 어디에 갔냐는 물음에 일하러 갔다는 대답인 것을 보면, 아마도 아이의 아빠들은 해가 뜨기도 전 새벽길에 보았던 곡괭이와 삽을 들고 부지런한 걸음을 옮기던 총각(?)들, 그리고 마차나 손수레를 몰고 가던 이들일 것이라는 생각이 들었다.

이곳 사람들은 15, 6세가 되면 결혼을 하여 아이를 가진다. 물론 결혼식은 형편이 안 되어 올리지 못하고 어른들께 허락을 구한 뒤 살림을 차린다. 그리고 열심히 돈을 벌어 35, 6세 정도 되었을 때 결혼식을 올리는 게 꿈이다.

평균 수명이 50세 내외이니, 우리나라로 치면 환갑 진갑 다 지나서야 결혼식을 올리는 셈이라고 해야 하나 싶다. 그렇다고 해서 이곳 사람들이 성생활이 문란하거나 근친결혼을 하거나 하는 것은 절대 아니라며 정직하고 깨끗한 성품을 지닌 국민이라고 설명한다. 하긴 시골의 길가나 해변, 집 안팎의 모습들은 허름하긴 하지만 비교적 깨끗이 정돈되어 청소가 잘 되어 있다. 심지어 농사를 짓는 밭이랑조차도 깨끗이 정돈된 것을 보면 상당히 부지런하고 성실한 민족인 것을 느낄 수 있다.

사진을 찍는 동안 물이 다 끓여졌다기에 컵라면을 하나씩 받아들었다. 아프

리카의 낯선 땅에서 먹어서일까? 라면을 그리 좋아하지 않는 나도 그날의 맛만은 일품이었다. 라면을 먹는 우리의 모습이 그들에게는 신천지에서 온 사람들처럼 보였는지 우리 주위를 둥그렇게 둘러싸고 쳐다본다. 몇 젓가락 떠먹은 라면은 아이들의 동그랗고 말간 눈을 피해갈 방법이 없었다. 아이들에게 줘도 되냐고 물었더니 아이들은 싸우니 어른들에게 주라고 한다. 그래야 질서 있게 나누어 먹을 수 있다는 것이다. 딴은 그렇겠다.

처음 보는 음식을, 아니 처음은 아닐지라도 자주 볼 수 없는 특별한 음식인 것만은 분명하니 그럴 수도 있지 않은가. 물은 끓여 주신 할머니께 드렸더니 아이들이 줄을 서서 기다린다. 아가도 한입, 동생도 한입, 누나도 한입 그렇게 그들은 한입씩 돌아가며 먹는다. 그렇게 우리 일행의 화려한 아침 식사는 아침볕이 부드럽게 쏟아지는 시골 마당에서 마음만 부른 식사를 마쳤다.

마을 어귀에는 어김없이 망고 장수가 있다. 집집마다 있는 망고나무가 그들에겐 큰 수입원인 모양이다. 옛날 우리나라 시골의 감나무보다 더 많은 수의 커다란 망고나무가 그곳엔 집집이 주렁주렁 망고 열매를 익히고 있었다.

오늘 마을 어귀에 나온 망고는 한 바구니에 1,000아리라고 한다. 우리나라 돈으로 환산하면 400원이 채 안 되는 돈이다. 마음만 채워버린 아침 식사를 우리는 다시 이 맛있는 망고로 대신했다. 그 맛이 일품인 것은 당연하지 않은가? 거기다가 애플 망고이니, 까짓 라면에 비할 바가 아니다. 내 라면을 노리던 수십 개의 반짝이는 눈망울에 넘길 수밖에 없었던 나의 아침 식사의 메뉴인 라면이 그곳 사람들에게 별미였듯이, 길가에 무수히 널린 애플 망고의 맛은 우리에게 별미 중의 별미였다.

그때부터 시작이었다. 비행기 탑승 시간을 제외한 14일간의 여정 동안 그곳의 망고는 매일 매일 우리들의 디저트가 되었다. 노란 원액의 주스로, 노란 속살을 드러내고 접시에 예쁘게 담긴 모습으로, 가던 길을 멈추고 길가에 앉은 우리의 휴대용 칼에 베인 채 특급 간식이 되어 주었다.

얼마나 맛있었으면 한 친구는 망고 알레르기가 생겨 얼굴이 통통 부어오른 모습을 하고서도 망고 디저트를 피하지 못했다. 망고는 여행하는 동안 마다가스카르의 어디에서나 입맛은 물론이고 우리의 마음까지 부르게 하였던 것 같다. 우리의 마음이 유독 과식한 사람의 배처럼 불렀던 것은 그 아침 그 아이들의 맑은 눈망울이 생각나서일 것이다.

그곳 아이들에게 우리나라의 라면 맛은 어떤 맛이었을까? 어쩌면 내 어린 시절 처음 맛보았던 그 맛과 같았을지도 모르겠다. 가지고 간 라면이 많지 않아 선뜻 내어주고 오지 못한 것이 못내 아쉽다.

2017년 1월 15일

착한 바오밥 나무

바오밥 나무는 소설 『어린 왕자』의 별에서는 무서운 씨앗으로 묘사된다. 어린 왕자의 장미를 해치는 나쁜 풀인 바오밥 나무는 엄청나게 커버리는 탓에 자칫 어린 왕자의 작은 별에 구멍을 파서 별을 터지고 말게 할 것이라 믿는다. 위협을 느낀 어린 왕자는 바오밥 나무가 아주 어릴 적에 장미와 구별이 가능해지면 뽑아버리는 규칙을 정한다. 어린 왕자는 게으름뱅이가 사는 별에서 허술하게 넘겨버린 나무 셋이 별을 온통 덮어버린 이야기로 어린이들에게 '바오밥 나무를 조심하라'라고 한다.

작가의 의도가 무엇이었건 그렇게 바오밥 나무는 생텍쥐페리의 『어린왕자』를 통해서 많은 사람에게 알려지게 되었다. 이제는 마다가스카르의 상징이 된 바오밥 나무는 수십 시간의 비행과 수백 킬로의 로드 투어를 한 후, 도착한 모른다

바의 그곳에 웅장한 모습으로 우릴 맞았다. 수령이 최장 5천 년이나 되고, 나무의 크기가 최대 50미터 내외, 둘레가 15미터 이상 된다고 하니 어마어마하기는 하다. 우리가 도착한 그곳엔 때마침 석양빛이 찾아들었다.

황금빛 석양에 몸을 맡긴 바오밥 나무는 어린 왕자 속의 별처럼 나쁜 씨앗은 아닌 모양이다. 잎을 떨어뜨린 바오밥 나무는 마치 뿌리처럼 생긴 가지를 하늘로 들고 손인 양 기지개를 켠다. 키 작은동생들을 거느리고 장승처럼 서 있는 나무는 아이들과 양떼들이 숨바꼭질하는 모습을 의연히 지켜보며 흐뭇해하는 모습이다. 사진 속의 아이들과 양떼들은 어린 왕자의 충고를 잊어버렸는지 그 모습이 평화롭기만 하다.

황금색 석양빛이 찾아든 바오밥 나무를 카메라에 담으며 나는 30여 년 전 읽었던 어린왕자 속의 바오밥 나무를 떠올렸다. 어린 왕자가 미처 뽑아내지 못한 이곳의 바오밥 나무는 착한 나무가 되었는지 웅장하고 화려한 모습으로 서 있었다.

바오밥 나무의 몸통은 최대 5,000리터의 수분을 저장하여 아프리카인들에게 소중한 수분 공급처가 되고 있다. 아프리카인들의 생활 전반에 깊숙이 자리 잡은 바오밥 나무의 열매는 오랜 시간을 기다려야 결실을 보는 만큼 영양소가 듬뿍 담긴 과육을 선사한다. 천연비타민의 창고라 불리는 이 열매는 비타민C, 폴리페놀, 베타카로틴, 수용성 식이섬유와 단백질이 풍부하다. 바오밥 나무의 열매 가루는 새콤하고 약간은 분유나 미숫가루 같은 맛을 내어 생으로 먹어도 무난한 맛이다.

2008년 미국 식품안전성(GRAS)에 등재되었고, 2015년 영국에서도 슈퍼 푸드로 등재되었으며 최근에는 우리나라에서도 인기 슈퍼 푸드로 각광 받고 있다[1]. 5,000년의 역사가 만들어 낸 바오밥 나무는 슈퍼푸드뿐 만이 아니라 조각공예의 재료 등, 여러 가지 모습으로 마다가스카르 사람들에게 충분히 착한 역할을 하는 것 같다.

반면에 그곳의 바오밥 나무는 시련을 맞이하고 있다. 농업 국가인 그곳 사람들의 화전을 위해 들판에 불을 놓는 바람에 불에 타버리는 등 여러 가지 이유로 그 수가 점점 줄어드는 모양이다. 수백 그루의 바오밥 나무가 수천 년의 역사를 몸에 두르고 웅장한 모습으로 서 있을 줄 알았던 그곳에는 수십여 그루의 바오밥 나무만이 제 형제들을 지키지 못해서인지 부끄러운 모습으로 나를 맞았다. 저녁 석양빛을 담뿍 안은 바오밥 나무 4형제를 카메라에 담은 후, 나는 어린 왕자의 마음과는 다른 따뜻한 마음으로 그들을 바라보았다. 그리고 그들의 뚫고 나가야 할 미래를 염려스

1) www.naner.com 참조

러운 눈빛으로 바라보았다.

초등학교 시절 이삼십여 분 이상을 걸어가야 하는 등하굣길에서이다. 우리 마을에 경운기가 처음 등장했다. 동네 아저씨가 빨간 경운기를 몰고 뽀얀 흙먼지를 일으키며 달려오면 우리는 그 위에 무작정 올라타 아저씨의 눈치를 살핀다. 허허 웃으시며 "꽉 붙잡아라."하고 소리 지르시면 우리는 모두 안도의 숨을 몰아쉬고 금세 조잘대는 승객이 되어 환호성을 지른다. 마치 대단한 승리자가 되기라도 한 것처럼.

꼬마 승객들의 노랫소리와 재잘거림을 바람에 실려 보내며 덜컹거리는 비포장도로를 달리던 모습이 마다가스카르의 쌍두마차에 오르려고 뛰어가는 아이들 모습과 오버랩된다. 마다가스카르의 황톳길, 마차 위의 아이들도 어린 시절 경운기 위의 우리의 마음과 다를 바 없으리라.

얼룩소 두 마리가 힘차게 끄는 수레는 사람들을 가득 태우고 뿌연 흙먼지를 날리며 양옆으로 바오밥 나무가 웅장하게 서 있는 황톳길을 달린다. 아마도 그곳의 아비도, 아이들의 마음도 그러하리라. 착한 바오밥 나무가 수 천 년을 지켜주는 황톳길을 달리며 아이들의 재잘거림에 희망도 걸고, 미래도 걸고 있음이리라. 우리 부모님의 마음이 그랬던 것처럼.

2017년 1월 15일

Madagascar

2

고향의 봄

마다가스카르의 옛 이름이 말라가시인 이 나라 사람들은 말레이에서 건너온 사람들이라 쌀농사를 짓는 것은 그 영향 때문이라고 한다. 아프리카에서 유일하게 쌀농사를 짓는 이 나라는 소를 가족처럼 생각한다고 한다. 봄이면 소에 쟁기를 메워 밭을 갈고, 모를 심어 논농사를 짓는다. 이른 아침, 밭을 가는 농부와 아이를 업고 가는 아비의 모습에서 우리네 고향 옛 모습을 본다.

고향의 봄

넓은 벌 동쪽 끝으로
옛이야기 지줄대는 실개천이 휘돌아 나가고,
얼룩빼기 황소가
해설피 금빛 게으른 울음을 우는 곳
중략….
그곳이 차마 꿈엔들 잊힐 리야.

정지용 님의 시 「향수」의 한 대목이다. 마다의 세 번째 도시 안치라베에서 피아란초아로 가는 길목에서 만난 풍경은 마치 고향마을 언덕배기의 한 모습처럼 내 카메라에 들어왔다.

정지용의 향수가 문득 떠오름은 이곳의 봄 또한 같은 모습이어서일 거다. 아침 햇살이 부드럽게 내려앉은 논두렁은 연초록빛으로 우리를 맞는다. 쟁기를 든

농부와 소는 한몸이 되어 이곳에 봄을 심기 위해 분주하다. 아침 일찍 들에 나간 아이 엄마를 찾아가는 아기를 업은 아비의 발걸음 또한 분주해 보임은 아이의 채근 때문만은 아닐 것이다. 어쩌면 동이 트기도 전, 들에 나간 아내의 일손을 거들기 위한 부지런한 몸놀림이 아닐까?

마다가스카르의 옛 이름이 말라가시인 이 나라 사람들은 말레이에서 건너온 사람들이라 쌀농사를 짓는 것은 그 영향 때문이라고 한다. 아프리카에서 유일하게 쌀농사를 짓는 이 나라는 소를 가족처럼 생각한다고 한다. 봄이면 소에 쟁기를 메워 밭을 갈고, 모를 심어 논농사를 짓는다. 이른 아침, 밭을 가는 농부와 아이를 업고 가는 아비의 모습에서 우리네 고향 옛 모습을 본다. 제부(Zebu)라고 불리는 이곳의 소는 양 어깨에 커다란 혹이 있는 혹 소이다. 제부는 이곳 사람들에게 단순한 소가 아닌 가족과도 같고 전 재산과도 같은 특별한 동물이다.

어린 시절 우리집 외양간에서 키우던 암소가 쌍둥이 송아지를 낳던 날 기뻐서 어쩔 줄 몰라 하시던 엄마의 모습이 생각났다. 갑자기 가세가 기울었던 엄마에게 작리 소가 낳아 준 두 마리의 송아지는 마치 로또라도 맞은 것처럼 우리 집 가세의 든든한 버팀목이 되었을 것이다. 그 송아지가 다시 새끼를 낳으면서 오빠는 상급 학교에 갈 수 있었다고 하니 그때 우리네 살림살이도 지금의 마다 사람들과 별반 다르지 않았던 것 같다.

아직은 마다 여행의 초반, 가을의 무르익은 오색 빛 산야를 한국에 두고 떠나온 이곳은 겨울을 넘기고 봄이 무르익어 가는 모습이다. 새벽 안개가 살포시 내려앉은 들녘엔 모를 심기 위한 준비가 한창이다. 이곳의 삶이 이제 막 기지개를 켜기 시작한다. 쟁기를 손에 쥔 가장도, 아이를 업은 아비도, 쟁기를 끄는 얼룩소도, 그 옆에서 노니는 송아지조차도 모두 우리에게 정지용의 「향수」를 느끼게 하였나 보다.

봄볕이 찾아든 이곳 들녘에서 나는 어린 시절 내 고향의 봄을 느낀다.

2017년 2월 19일

아침은 드셨는지요?

- 밀레의 그림을 연상하며 -

마다 여행 8일째, 우리의 여행 일정은 벌써 중반을 넘어서고 있다. 마다가스카르의 제2의 도시 피아아란초아에서 1박을 한 일행은 다시 새벽 5시 30분 아직 어둠이 걷히지 않은 도시를 떠났다. 우리가 매번 새벽길을 재촉하는 것은 여느 여행자들과 다른 사진인들의 여행이기 때문이다.

빛의 예술이라 칭하는 사진예술은 새벽부터 아침까지 그리고 늦은 오후부터 저녁 무렵까지 빛이 비스듬히 찾아들 무렵을 선호한다. 이슬에 젖은 듯 촉촉하고 부드러운 푸른색의 청량감을 주는 아침 빛과 황금색의 찬란함을 주는 저녁 햇살이 있기 때문이다.

그때의 빛이 사진의 묘미를 잡을 수 있는 최적의 빛이라고들 한다. 그러니 오늘도 여전히 우리는 아침도 대충 때우고 새벽길을 나설 수밖에 없음이다. 남편이나 아내가 그 시간에 무언가를 부탁했다면 아마 대판 싸우고 말았으리라.

졸린 눈을 비비며 차창 밖 어슴푸레하게 밝아오는 들판을 바라보는데 문득 눈에 들어오는 장면이 "여기요!" 하고 외친다. 낡은 옷차림에 밀짚모자를 눌러 쓴 우리네 엄마가 그곳에 계셨기 때문이다. 양손에 물뿌리개를 들고 콩과 수수가 심어진 밭에 물을 주고 있었다. 동녘 하늘엔 발그스레한 빛이 올라오고 그녀의 집이 있을 법한 마을엔 제법 아침볕이 찾아들었다.

수십 년 전 내 어릴 적 우리네 시골, 우리네 어머니의 모습 그대로이다. 기억 저편에 아직도 살며시 남겨져 있는 아련한 모습의 피사체를 향해 우리는 여과 없이 셔터를 눌렀다. 마치 밀레의 그림처럼 정겹게 담긴 이 사진이 그 아침 나와 우리들의 시야에 들어온 아름다운 풍경이다. 촬영 후 우리는 모두가 묵묵히 옛 시절 엄마의 모습을 그렸다.

동이 채 뜨기도 전 아침 준비를 끝낸 엄마는 서둘러 밭으로 향하시며 아직도 잠에 취해 있는 우리를 향해 얼른 일어나 밥 먹고 학교에 가라며 재촉하셨다. 졸린 눈을 비비며 나간 부엌에는 우리를 위한 밥상이 준비되어 있었다. 철없던 우리는 엄마가 아침을 드셨는지 걱정하지 않았다. 아침을 드시지 않았을 거라는 생각은 해 본 적도 없었던 것 같다. 어쩌면 엄마가 아침 식사조차 거르고 서둘러 밭으로 나가셔서 사진 속의 이분처럼 밭고랑에 물을 주고 계셨을지도 모르는 일인데도 말이다.

'이 사진 속의 저분은 아침은 드셨을까?' 엄마처럼 부지런한 저 여인의 아침거리가 괜히 걱정된다. 가난한 마다의 살림살이로 미루어 짐작하건대 아침거리나 있는지? 공연한 걱정으로 셔터를 누르는 손가락조차 무거워져 갔다.

먼 나라에 계신 엄마에게 묻고 싶다.
'그날 아침, 아침은 드셨었는지요?'

2017년 1월 19일

인생의 맛

마다가스카르 제2의 도시 피아란초아로 가는 길이다. 새벽에 출발한 일행은 아침볕이 드는 길목마다 60년대의 우리네 시골 풍경을 보는 듯한, 자신의 어릴 적 모습을 그리며 한참 동안 카메라와 밀애를 끝냈다.

어느새 부드러운 아침볕은 작열하는 태양으로 바뀌어 차창 밖에서 쏟아져 들어온다. 차량 에어컨을 켜긴 하였지만, 차창을 뚫고 들어오는 태양 빛을 피하는 방법은 그저 손수건을 창문 틈에 걸고 막아보는 것이 고작이다. 아직은 마다의 남부 지방을 벗어나지 못했으니 한여름 같은 날씨이다.

사진을 찍는 동안은 배고픈 것도 잊어버리는데 차 안에만 오면 먹을 것이 어디 없나 하고 뒤적뒤적하기를 반복한다. 간식을 먹는 것도 한계가 있는 모양이다. 이도 저도 싫어진다. 하긴 이곳 사람들이 지금의 우리처럼 간식이라도 먹는다면 아마도 성찬일지도 모른다. 그런 생각을 하면 잠깐 미안해지다가도 어느새

이곳 사람들이 지금의 우리처럼 간식이라도 먹는다면 아마도 성찬일지도 모른다. 그런 생각을 하면 잠깐 미안해지다가도 어느새 잊어버리고 또 다시 밥은 언제나 먹을까가 궁금할 뿐이다. 혼자서 상상해 본다.

HOTEL
ZANA-TANY
maromahay

잊어버리고 또다시 밥은 언제나 먹을까가 궁금할 뿐이다.

혼자서 상상해 본다. 진한 국물에 밥을 말아서 그냥 김치 쭉 찢어 넣고, 아! 생각만 해도 군침이 돌았다. 해가 중천에 오르고 아마도 우리가 출발한 지 7시간을 훌쩍 넘긴 것 같다.

그때쯤, 정말 그때쯤 밥 먹자는 소릴 하지 않았다면 정말 화가 나고 말았을 것이다.

선수 차량이 차를 세운 곳은 호텔 앞이다. 웬 호텔 앞? 일행은 모두 의아한 눈빛이다. 낮잠을 자란 소린가? 아니면 이 호텔에서 밥을 먹자는 얘기인가? 하긴 호텔이라고 해봐야 보다시피 뭐 먹을 만한 게 있을 것 같게 생기지도 않았으니 인솔자 입만 멀뚱멀뚱 쳐다보고 있었다. 이렇게 준비된 주방이 이 모습이다. 이곳에서 저런 모습의 호텔은 잠자는 호텔이 아니고 이렇게 지나가는 길손들의 쉬어가는 곳으로 조그만 구멍가게도 있는 그런 곳을 말하는 것이라고 한다.

호텔에서 빌린 화로와 냄비를 우리가 가져간 생수로 깨끗이 씻고 물을 끓여 라면을 끓여 먹거나 일명 김 병장이라 불리는 봉지 비빔밥을 먹는다는 것이다. 김 병장은 군대 비상식량처럼 만들어진 것인데 끓인 물을 붓고 10여 분 정도 지나면 밥도 아니고 죽도 아닌 묘한 맛이 나는, 그러나 꽤 먹을 만한 모습이 되는 비상식량이다.

이렇게 마련된 화려한(?) 주방에서 한 시간 가까이 준비된 라면과 김 병장은 어떤 유명 셰프도 흉내 낼 수 없는 맛, 그 맛으로 우리의 절대 미각을 사로잡았다.

바로 이 맛이야! 거무튀튀한 양은그릇에 툭툭 던져 놓고 수십 분 동안 푹푹 삶아낸 슬로우 푸드(?), 진한 맛이 푸욱 우러나와 그 풍미를 가늠할 수 없는 그 맛.

이게 인생의 맛이란 거지.

누구랄 것도 없이 모두 햇빛을 피해 낡은 지붕의 처마 밑으로 조용히 숨어들어 먹어대는 그 모습 또한 일품이었다. 아마 이 모습이 내 인생 최대의 성찬의 모습이 아닐는지.

며칠 전 한 달 동안 푹 익힌 김장김치를 받은 아들 내외가 김치가 너무 맛있다며 인생의 맛이라 평가하고 싶다는 문자를 보내왔다. 설마 우리 아이들이 벌써 김치 맛을 알 때가 되었을까? 우리네 곰삭은 김치 맛을 알 수 있다면 인생의 맛도 느껴가고 있음이리라.

결혼한 지 2년이 지났지만, 주말부부였던 그 아이들이 작년 10월에야 살림을 합쳤으니 이제야 정말 부부가 되어가는 모양이다.

그랬을 것이다. 그날 아프리카의 하늘 밑, 그 성찬의 자리에 곰삭은 김치 한 쪽이 있었다면 아마도 그 맛은 인생 최대의 곰삭은 맛이었을 것이다.

2017년 1월 19일

포화에 잡힌 다랑논

피아란초아를 떠나 톨리아로 향하는 길, 새벽안개가 조금씩 걷히기 시작한다. 세상사 모두 잊고 사진에 미쳐 버린 우리는 아침도 거른 허기를 간식으로 때운다. 기사까지 4명이 승차한 SUV 차는 포장길인데도 덜컹거린다. 거기에다 대관령 길을 방불케 하는 꼬부랑길을 달리니 멀미하는 건 당연한 일이다. 일행 중 L이 심한 멀미에 시달린다.

차로 이동할 때 사진인들은 가끔 어찌할 수 없는 운명의 장난에 놓이곤 한다. 운명의 장난이라는 거창한 단어까지 끌어들일 수밖에 없는 것은 앉은 위치에 따라 카메라 파인더에 들어오는 풍경이 다르기 때문이다. 그 풍경은 그날 작화의 향배를 좌우하게 된다. 특히 아프리카의 마다가스카르이니 햇볕이 강렬한 것은 자명한 사실이고 빛이 비치는 곳은 뜨거운 태양과 사투를 벌이게 된다.

여기에 더하여 창밖 풍경까지 상대편 쪽보다 별로이면 정말 죽을 맛이다. 처

음 접하는 이국적 풍경들을 이동 중이라고 놓칠 수 없으니 차창 밖 풍경에 관한 관심이 지대할 수밖에 없다.

오늘의 내가 그랬다. 새벽이니 볕은 신경 쓰지 않아도 되는데, 반대쪽 차창 밖은 아침의 부드러운 볕과 안개가 살포시 내려앉은 들판이 이어지니 카메라 셔터 소리가 마치 전쟁터의 총소리처럼 들린다. 반면 내 카메라는 총알 떨어진 총처럼 무력한 모습이다. 번갈아 이어지는 길이니 불평할 수도 없고 애매한 카메라만 구박하는 수밖에. 좀 내리자고 하고 싶지만, 선수 차량이 멀리 떨어져 앞서갔으니 그러기도 곤란한 처지여서 괜한 입술만 혼자 내밀었다, 접었다 하고 있었다.

한참을 달리니 일행의 차가 눈에 들어온다. 아마도 사진 촬영을 위해 새운 모양이다. 궁금증을 증폭시키며 '걸음아 날 살려라' 하고 뛰어간 곳엔 마다의 찬란한 아침 빛에 담뿍 젖은 다랑논이 기다리고 있었다.

어머나! 이럴 수가! 두말할 것 없이 카메라 셔터가 불을 뿜었다. 남해의 다랑논에선 볼 수 없던 새로운 맛의 풍경이다. 빛의 예술이라는 사진예술의 백미가 이런 모습이 아닐까? 사진 인들의 흔히 말하는 사진예술의 시간적, 공간적 우연성에 방점을 찍은 결과물이다.

장비가 없는 그 나라에서는 이런 다랑논을 만들 때 오직 삽과 곡괭이만을 사용한다. 그리고 그들의 영근 손으로 일일이 다져가며 만들어진 다랑논은 그 찰지고 섬세한 모습의 마치 그림을 그려 놓은 듯하다.

우리집 막내의 과수원이 생각났다. 팔 할 이상의 소나무밭과 조상들의 묘로 이루어진 밭을 엄마는 손으로 일구었다. 소나무를 잘라내고, 돌무더기를 걷어내고 밭고랑을 잔뜩 덮은 작은 돌멩이를 하나하나 주워내어 만들어진 조그만 과수원. 엄마는 마치 안방이라도 된 양 갈고 다듬었다. 그곳을 지키기 위한 엄마의 필사적인 노력, 엄마의 땀과 정성, 고단함이 녹아 있는 곳. 동산에 올라서면 멀리 푸른 바다가 보이 곳이다.

엄마는 6개월쯤 되었을 때 아버지를 잃어버려 아빠 얼굴도 모르는 나이 어린 막내아들의 미래를 그 과수원이 든든히 지켜 주리라 굳게 믿으셨을 것이다. 엄마가 돌아가신 후 이미 장성한 나이 어린 아들은 가세가 갑자기 기우는 바람에 그 과수원을 처분하고 말았다. 고향 마을 어귀에서 보이는 그 과수원은 아직도 엄마의 숨결이 느껴지는데, 이제는 갈 수 없는 곳이 되어버렸다. 이곳 사람들도 그리하리라. 중장비라곤 눈 씻고 찾아도 보이지 않으니 오직 손으로, 삽과 곡괭이로만 저 넓은 다랑논을 만들었을 것이다. 그들과 그들의 아이들의 미래를 위해서.

한국은 우리가 떠나올 때 한창 가을이 영글어가고 있었다. 수천 킬로를 날아온 이곳은 때마침 봄이니 논에는 막 심어 놓은 벼와 논에 고인 물이 가득하고, 그들의 삶을 책임질 쌀농사가 한창이다. 그 논밭에 찾아든 빛은 반짝이는 라인을 이루며 환상적인 모습이다. 다랑논 둔덕에 빛을 담뿍 안은 갈대꽃은 마치 다랑논의 화려한 자태에 찬사를 보내는 듯, 한 무더기의 꽃다발을 만들었다. 아직 미처 물을 준비하지 못해서인지 논을 받지 못한 다랑논에는 이에 질세라 한 무더기의 하얀 꽃을 피워 그 아름다운 자태를 숨기지 않는다. 그 어우러짐과 조화로움은 여느 다랑논에서도 구경할 수 없는 최상의 하모니를 이루며 멋진 모습을 만들어 내었다.

전쟁 속의 포화처럼 셔터를 눌러댄 내 카메라 속에 잡힌 이 사진은 그날 내 마음을 온통 사로잡고 말았다. 소리 없는 불평을 내뱉던 내 입술은 어느새 다랑논에 반해 초승달처럼 예쁘고 촉촉한 모습으로 변해 있었다.

사라져 버린 막내의 조그만 과수원엔 지금쯤 감귤이 노랗게 익어가고 있을 텐데.

2017년 1월 19일

SPIDER-MAN
SPIDER-MAN

Madagascar

3

꿈

해변의 돛을 단 배와 하늘 그리고 바다, 하얀 모래사장이 영화 『태양은 가득히』의 한 장면처럼 보였기 때문이다. 그 아름다운 해변의 모습과 영화 『태양은 가득히』의 바다가 오버랩되어 푸른 바다의 파도에 부서진다.

배조족 청년들의 건강한 꿈은 여전히 아나카오 해변의 돛단배에 실려 있다.

부듯가 삼 형제

10월 23일 톨리아에서 소금호수로 가는 길이다. 벌써 여행은 중반을 넘어서 아홉 번째 날이다. 아침 07시 출발, 그동안 누적된 피로도 풀 겸 좀 늦은 출발을 하기로 했다. 시내를 벗어나니 비포장 길이다. 사막이 눈앞이니 그 전조 증상으로 길이 험하다. 모랫길에 울퉁불퉁, 꼬불꼬불 해가 뜨기 전 출발했다면 퍽 위험한 길이 될 뻔했다. 이런 험한 길을 가야 하니 인솔자가 늦게 출발한 모양이다. 우리의 피로 누적 도를 염려한 인솔자의 배려일 것이다.

정오쯤 도착한 항구에는 사람들로 인산인해이다. 항구랄 것도 없는 조그만 선착장에는 아직 배가 없으니 우리는 언제 올지 모를 배를 기다려야 한다. 물론 시간이 정해져 있긴 하지만 수시로 변하는 그들의 시간은 오는 시간이 약속 시각이라고 한다.

하지만 우린 걱정이 없다. 그 시간을 대신해줄 카메라가 있으니 무어가 걱정인가?

그곳의 사람들을 찍으면 될 일이니. 배를 기다리는 사람들은 대기실도 없으니 뙤약볕을 맞으며 돌 위에 걸터앉아 있거나 삼삼오오 떼를 지어 서 있는 모습이다. 우리는 그 사람들의 표정을 담기 시작했다. 다른 나라 사람들과 달리 사진을 찍히는데 무척 호의적이다. 찍힌 사진을 보여주며 그네들과 친밀도를 쌓기도 하고, 그들과 함께 사진을 찍기도 한다.

이 소년의 사진을 찍는 동안 나는 그 아이와 꽤 도타운 교분을 쌓아가고 있었다. 영리하게 생긴 이 아이는 여러 장의 사진을 찍고 보여주자 환하게 웃으며 고맙다고 한다. 미안한 마음에 가지고 있던 과자를 주자 거절한다. 쑥스러운 얼굴로 글을 쓰는 시늉을 하며 볼펜을 달라고 한다.

가지고 간 볼펜이 없으니 할 수 없이 내가 메모용으로 사용하려고 한 볼펜을 주고

말았다. 참 기특하고 용감한 아이란 생각이 들었다. 하긴 용감해야 무언가를 얻을 수 있음은 당연한 일 아닌가? 그렇다고 주려던 과자를 뺄 수는 없으니, 아니 둘 다 더 많이 주고 싶었다. 아이의 용감성이 기특해 보였기 때문이다.

볼펜과 과자를 받아든 아이는 조금 후 동생을 데리고 왔다. 동생은 장애를 가지고 있었다. 우리도 사람이니, 사진을 찍으면서도 사실 예쁘고, 똑똑하게 생긴 아이에게 카메라를 들이대게 된다. 시쳇말로 포토제닉한 사진을 찍고 싶기 때문이다. 정말 부끄러운 일이다.

그러나 그 당시에는 그런 생각을 할 줄 모르는 무뢰한 사람이 되고 말았다. 형은 아무도 관심을 두지 않는 동생에게도 과자나 볼펜을 받게 해주고 싶었을 것이다. 동생을 데리고 와서 같이 찍어 달라고 하는 형의 마음이 애틋하다. 다른 아이들처럼 과자를 달라고 조르지도 않던 그 아이는 정말 맑은 눈을 가진 소년이었다. 주머니에 가지고 있던 과자를 전부 털어 주었다. 그래 봐야 네댓 개 정도이지만. 동생과 함께 찍힌 사진을 보여주자 밝게 웃으며 어디론가 달려갔다.

한참 동안을 다른 사진을 찍느라 여념이 없는데 그 소년은 한 명의 동생을 업고 조금 전의 그 동생과 다시 왔다. 셋이서 같이 찍어 달라는 모양이다. 업힌 동생을 내려 앉히고 3형제의 기념사진을 찍으려는 순간 아기 동생이 갑자기 울어댄다. 어쩌면 낯선 얼굴의 동양인과 커다란 카메라가 그 아기에겐 총처럼 보여 놀랐을지도 모르겠다.

형이 아무리 어르고 달래도 아기 동생은 울며불며 사진 찍기를 거부했다. 과자는 이미 떨어졌으니 차로 가서 얼른 과자를 가져왔다. 과자를 쥐여 주며 안 찍어도 괜찮다는 표현을 했지만, 형은 부득부득 찍어 달라는 표정이다. 아기 동생이 얼굴이 파래지도록 울어대는 것을 보며 찍어 줄 수 없다고 하자 형은 아쉬운 표정을 지으며 감사의 인사를 한다.

형은 어쩌면 과자가 아닌 삼 형제의 사진이 필요했는지도 모르겠다. 전에 보지 못했던 커다란 카메라에 담긴 자신의 모습에 동생들도 함께하고 싶었음이 아닐까 싶다. 불과 초등학교 사, 오학년쯤으로 보이는 그 아이의 행동을 보면서 형제간의 진한 우애에 대한 깊은 성찰의 시간을 가지게 되었던 것 같다. 우리도 아마 어린 시절에는 저 아이들처럼 그렇게 자랐을 것이다.

어느 여름날의 일이다. 내가 아마 그 소년의 둘째 동생쯤 되는 초등학교 1, 2학년 때쯤으로 기억된다. 6·25 전쟁이 끝난 지 얼마 지나지 않던 그때에는 손에 무서운 쇠갈고리를 한 상이군인이라 칭하는 이들이 많았다. 집집이 찾아다니며 반 으름장을 놓으며 무언가를 가져갔다. 지금의 마다가스카르보다 더 가난했던 우리나라 정부가 전쟁으로 희생된 그들을 위해 아무것도 해줄 수 없게 되자 그들은 길거리로 나설 수밖에 없었을 것이다.

둘째 오빠는 시내에서 중학교에 다니다가 일요일이 되면 집에 와서 우리를 돌보았다. 쇠갈고리를 한 일단의 상이군인들이 우리집을 향해 저벅저벅 걸어 들어왔다. 오빠는 동생을 둘러업고 내 손을 잡고 마루 문을 닫아걸었다. 새파랗게 질린 내 입을 틀어막고 숨을 죽이고 마루 한구석에 숨었다. 무언가 큰 소리로 말하는 모습에 나는 더욱 기가 질려 울려는 것을 오빠는 필사적으로 입을 틀어막아야 했다. 아마도 어른이 없냐는 물음이었을 텐데 어린 우리는 무서움에 숨을 수밖에 없었다.

그때의 오빠가 생각났다. 그곳 형의 행동을 보며 그 갈고리를 든 군인들로부터 동생들을 보호하려고 진땀을 빼던 오빠가 떠올랐다. 지금은 우리나라에 그런 일이 있었는지 기억조차 나지 않게 잘 살게 되었지만, 불과 50여 년 전에 있었던 우리의 모습이다.

부둣가의 3형제에게도 먼 훗날 그들에게 사진을 찍어 주었던, 그리고 카메라를 든 나를 보며 알 수 없는 무서움에 떨었던 동생을 추억하며 살아갈 행복한 날이 되길 기원해본다. 최소한 이 두 형제의 사진 만큼은 그곳으로 보내어 전해질 수 있도록 해 보아야겠다. 그 아이들이 훗날 그들의 도타웠던 형제애를 추억할 수 있도록….

2017년 1월 24일

빨래터 소경

10월 22일 마다가스카르 여행 여덟 번째 날이다. 새벽에 출발한 일행은 길거리 호텔에서의 정찬을 마치고 다시 톨리아로 향한다. 가는 길에 보이는 바깥 풍경은 마치 육칠 십 년대 우리나라 농촌 풍경과 다를 바 없다.

황소가 끄는 쟁기가 논밭을 갈고, 다랑논 두렁에 아침볕이 찾아들어 두렁의 잡풀과 물빛이 밝게 빛난다. 아이를 업은 엄마가 허리를 굽혀 논에 물을 대고, 일단의 사람들이 일렬로 서서 벼를 심는다. 볕이 찾아든 길옆 농가 마당에는 아이를 업은 큰아이와 닭들, 그리고 강아지가 함께 집을 지킨다.

마다가스카르는 아프리카이긴 하지만 논이 끝없이 이어지는 농촌의 풍경을 보면 마치 아시아의 여느 나라처럼 느껴진다. 논이 많은 것을 보면 당연히 물이 풍부해 보인다. 드문드문 보이는 강가를 중심으로 사람들은 논을 만들어 농사를 짓고, 나무를 잘라 숯을 만들어 파는 모양으로 길가에는 숯

을 담은 마대를 쌓아 놓고 팔거나 손수레로 끌고 숯을 팔러 가는 모습을 볼 수 있다.

고대부터 문명의 발상이 물을 중심으로 이루어졌다고 하니 이곳도 예외는 아닌 모양이다. 조금 변화한 곳이 보이기 시작하면 어김없이 강이나 개천이 자리 잡고 있다. 아직 이곳은 상수도가 발달하지 않은 모양으로 사람들은 이 사진처럼 강가에서 빨래하거나 목욕을 한다.

국토 전체가 물이 그다지 부족한 편은 아니어서 관정만 뚫으면 물이 펑펑 쏟아진다는데도 이곳 사람들의 경제적 상황은 아직 그럴만큼 여유가 없다. 그러니 다리품을 팔아 물을 길어오고, 물가로 가서 빨래하거나 멱을 감는다.

아열대 수목이 울창하게 자란 강가의 모래톱에서 이곳 사람들이 빨래하고 아이들이 목욕하는 모습을 담은 이 사진은 마치 어린 시절의 내 모습과 같다.

이 사진 속의 아이들처럼 팬티 하나면 족한 수영복 차림으로 개헤엄을 치고 발을 돌려 조개를 잡던 그날의 내 모습 또한 이 아이들과 다를 바 없었을 것이다.

제주시의 동쪽 끝자락에 있는 삼양해수욕장은 용천수가 넘쳐 나는 곳이었다. 지금은 검은 모래 해변으로 유명한 곳이고, 그 용천수를 막아 제주 시민들의 식수원으로 사용하고 있다. 그곳에서 걸어서 30여 분은 족히 가야 하는 일명 웃뜨르(산촌)에 사는 나는 여름이면 그곳으로 달려갔었다.

작열하는 태양이 내리쬐는 검은 모래 해변을 안은 바다는 용천수가 흐르는 모양을 따라 커다란 모래톱을 만들어 놓았다. 이 사진 속의 아이들처럼 팬티 하나면 족한 수영복 차림으로 개헤엄을 치고 발을 돌려 조개를 잡던 그날의 내 모습 또한 이 아이들과 다를 바 없었을 것이다. 아이들은 친구의 사진을 보여주자 너도나도 달려들어 포즈를 취한다. 이 아이들을 보며 그 시절 삼양해수욕장에서 종일토록 놀아대고 난 후 시원한 용천수를 가두어 놓은 가두리 목욕탕에서 시원하게 목욕을 마친 내 모습을 그려 보았다.

아마 그때 누군가가 내게도 사진을 찍어 준다고 했다면 이 아이들처럼 어김없이 나도 사진을 찍었으리라. 어린 시절의 아련한 추억을 떠올리게 했던 이 아이들을 보며 나는 다시 그 시절로 돌아가 보았다.

2017년 1월 22일

금을 캐는 사람들

10월 25일 11일째 날이다. 똘리아에서 이살로의 안자 국립공원으로 이동하며 도중에 주민들의 생활상을 촬영하고 그들의 삶의 현장으로 들어가 본다.

마다가스카르는 다양한 광물, 금속자원이 매장되어 있는 국가이다. 2010년 기준, 세계 티타늄철석(ilmenite)의 3%를 생산하였으며, 세계적인 사파이어(청옥) 생산지이기도 하다. 귀금속류, 크로뮴철석(chromite), 장식용 석재(ornamental stones), 니켈(nickel), 코발트(cobalt) 등의 생산이 이루어지고 있고, 2010년 이후 생산량이 급증하고 있다고 한다. 마다가스카르의 금은 중온 식생형(mesothermal) 'lode'라고 불리는 석영에 포함된 금으로서, 세계 금 매장량 중 20%만 존재하는 희귀하고 가치가 높은 금이라고 한다. 과거에 마다가스카르는 아프리카에서 가장 대접받는 금 생산국이었다고 한다[2].

오늘도 여전히 이곳 사람들은 강가에서 사금을 채취하는 모습을 볼 수 있다.

2) www.naver.com. 참조

비단 이곳만이 아니다. 마다가스카르의 크고 작은 강과 하천에서는 이 사진에서처럼 사람들이 사금을 채취한다. 물론 국가는 금을 직접 채취하지 않고 금광의 채굴권을 외국에 팔아버리고 자국의 금이 밀반출되는 것을 방지하기 위해 최선을 다한다고 한다. 밀반출이 적발되면 엄청난 금액의 벌금을 물려 국가의 재원을 확충하고 있다니 그 강도가 높은 것은 당연하리라. 거기에는 어떠한 예외도 존재하지 않으며 밀반출하는 자들은 외국인이 대부분이라 하니, 국가 자원을 보호하기 위한 특단의 조치를 하는 셈이다.

귀국길 공항에서 보았던 한 장면이다. 중국인인 듯한 몇몇 사람이 보안 검사에서 걸렸다. 강력한 단속에 높은 사람한테 전화한다며 항변하는 탑승객에게 서슬 퍼런 눈을 부라리며 가차 없이 쇠고랑을 채워 밖으로 끌고 나가는 여경의 단호한 행동에 죄 없는 우리까지 주눅 들었었던 것 같다.

그 채굴권을 가진 업자는 이처럼 이 동네 저 동네 가족 단위의 채굴자들로부터 금을 사들인다고 한다. 이 나라는 농사짓는 일이든, 벽돌을 굽는 일이든 금을 채취하는 일까지 가족 단위의 구성원들이 함께 일하며 살아간다. 엄마와 아빠, 오빠와 언니, 어린 동생들 심지어는 엄마의 등에 업힌 아기까지 금 채취에 나서서 가족의 살림살이를 책임지고 있다. 그래서인지 그들의 얼굴에서는 노동에서 오는 피로감이나 불행함의 흔적이 없어 보인다.

온 동네의 모든 사람이 모여들어 콧노래도 부르고, 이어지는 잡다한 잡담으로 얼굴에는 웃음이, 손에는 일감이 부지런히 교감하고 있다. 마치 여느 동네의 빨

래터 풍경처럼 보이는 금 채취 광경은 그 현장의 모습이 힘든 노동의 현장임에도 불구하고 그네들의 표정은 맑고 평화롭고 여유롭기까지 하다.

강가에서 열심히 금을 채취하던 여성은 카메라를 든 우리를 향해 멋진 포즈를 취해 보인다. 마치 60년대의 여배우 에바 가드너를 연상시키는 카리스마 있는 포즈가 담긴 이 사진을 보여주자 이 여성은 만족한지 엄지를 척 들어 보인다.

브라질의 사진작가 세바스티앙살가도의 사진[3]이다.

그는 가난하고 고통받는 사람들을 존엄한 인간으로 표현해 대중과 평단의 사랑을 받는 사진가이다. 몇 달씩 동고동락하며 사진을 찍는 작업방식으로 유명한 사진가로 지금도 여전히 그 방식을 고수하고 있다고 한다. 아마도 이 사진은 현장에서 일어난 실제 상황을 표현한 다큐멘터리 사진일 것이다. 마다가스카르에서 금을 채취하는 사람들을 보며 나는 문득 세바스티앙 살가도의 사진을 떠올렸다. 이 두 사진에서 보는 금 채굴의 모습은 마다가스카르의 금 채취 방법과는 너무도 다른 모습을 보여준다. 총부리를 겨눈 감독과 대치하고 있는 극한 상황, 무거운 짐을 지고 올라가는 모습은 처절함이 극치를 보여준다.

물론 모든 사진이 촬영자의 의도가 반영된 결과물이라는 점에서 단순 비교가 불가능할 수도 있을 것이다. 그런데도 마다의 금을 캐는 사람들과는 너무 다른 표정과 너무 다른 환경을 보여주고 있는 것만은 사실이다. 나는 마다의 금을 캐는 강가를 보며 너무나 대조적인 이 사진을 떠 올렸다.

사진가의 촬영 포인트나 의도에 따라 사진이 달라지듯, 금을 캐는 사람들도 그들의 마음가짐에 따라 확연히 다른 모습으로 그들의 삶을 만들어 가고 있음이 아닐까?

마다가스카르의 금을 캐는 사람들의 얼굴에서는 살가도의 사진 속의 얼굴은 찾아볼 수 없다. 아마도 그들은 가족과 함께하고 있기 때문인지도 모른다. 가족과 함께하는 노동은 그들에게 행복한 미래로 함께 나아가고 있음을 보여주고 있는 탓이리라.

2017년 1월 27일

마다가스카르의 크고 작은 강과 하천에서는 이 사진에서처럼 사람들이 사금을 채취한다.

꿈

영화 「태양은 가득히」는 1960년도 알랭 들롱을 일약 스타덤에 올린 영화이다. 톰 역의 알랭 들롱은 필립이 그의 아들 필립을 데려오면 5,000달러 준다는 말에 대가를 받으려고 친구 필립과의 생활을 시작한다.

언제 보았는지조차 기억이 나지 않은 오래전의 영화이다.

아마도 30년 혹은 40여 년 전쯤이 아닐까? 주말의 명화에서 본 것 같다. 소설도 영화도 두 번 보는 것을 좋아하지 않는 내가 두세 번 보았던 것 같으니 꽤 감동적이었었던 것 같다. 외롭고 고독해 보이는 쓸쓸한 눈빛, 알랭 들롱의 눈빛은 그 시대 뭇 여인들의 마음을 사로잡았다.

아마도 이 모습 때문이었나 보다. 파아란 비췻빛 해변에 돛을 단 배를 몰고 나아가는 그곳 청년들의 모습이 마치 알랭 들롱과 필립이 그들의 욕망과 향락을 위해 나아갔던 그 해변의 물빛과 같았기 때문일 것이다. 이 사진을 찍는 동안

나는 영화 「태양은 가득히」의 스토리와 장면을 떠올리며 셔터를 눌렀다.

마다가스카르의 모잠비크해협의 아나카오 해변, 베조족이 물고기를 잡는 일을 생업으로 살아가고 있는 곳이다. 바다 위의 사람들이란 뜻의 배조족은 온전히 바람으로만 움직이는 돛단배를 타고 상어나 물고기를 잡으러 다닌다고 한다. 젊고 건장한 청년들은 수시로 배를 몰아 해변을 들락거렸다. 물론 생업인 물고기를 잡기 위해서이다.

톰 역의 알랭 들롱이나 필립처럼 해변의 요트에서 욕망을 채우거나 향락을 즐기기 위한 출정은 아니다. 그러나 아나카오 해변에서 청년들이 돛단배를 타고 가는 모습을 보며 알랭 들롱의 모습이 오버랩되고 만다. 톰 역의 알랭 들롱이 친구인 필립을 죽인 후 바다에 던져 버리는 장면이 떠올랐다. 아나카오의 청년들이 그물을 던졌을 뿐인데 말이다. 필립의 아버지와 필립의 여인 마르쥬는 해변에서 필립의 요트를 인양한다. 두 사람이 그 요트에 필립의 시체가 딸려 나오는 것을 목격하는 것도 모른 채 여전히 필립 행세를 하다 그릇된 욕망의 종지부를 찍고 만다. 쓸쓸하고 고독한 눈빛의 남자 톰(알랭 들롱)의 꿈은 비췻빛 해변에서 산산이 부서진다.

아나카오 해변, 돛단배의 건장한 청년들은 갓 잡아 올린 싱싱한 생선과 해산물을 끌어올린다. 그들의 건강한 삶을 위한 양식이다. 소박하게 살아가는 그곳의 해변에서 아이러니하게도 나는 영화 속 욕망의 화신 알랭 들롱을 떠올리고 말았다.

그날 해변의 돛을 단 배와 하늘 그리고 바다, 하얀 모래사장이 영화 「태양은 가득히」의 한 장면처럼 보였기 때문이다. 그 아름다운 해변의 모습과 영화 「태양은 가득히」의 바다가 오버랩되어 푸른 바다의 파도에 부서진다.

배조족 청년들의 건강한 꿈은 여전히 아나카오 해변의 돛단배에 실려 있다.

2017년 1월 27일

Madagascar

4

자카란다의 도시에서

여행 15일째 마다가스카르의 수도 안타나나리보의 아침이다. 여행의 막바지에 우리는 이 나라의 수도인 도시로 왔다. 마다가스카르의 마지막 왕조가 몰락한 도시이다. 이른 아침 호수가 내려다보이는 곳에 올라 안타나나리보의 아침을 느낀다. 아침은 어디든지 상쾌함을 준다. 폐부 깊숙한 곳으로 시원한 공기를 흠뻑 들이마신 후의 아침은 아침만이 줄 수 있는 몸을 느끼게 해서 좋다.

랍스터는 Good!

집 떠나면 고생이라는 말이 슬슬 피부에 와닿을 즈음이다. 마다가스카르에 온 지 열흘이 지나가고 있었다. 이동 거리가 장거리인 탓인지 하루쯤은 쉬고 싶어지던 날이다. 어김없이 다음 날 새벽도 툴리아의 해변 촬영에 나선다는 일행을 따라나서지 않을 수 있음은 다행히 이틀을 한 호텔에서 묵을 수 있기 때문이다.

날씨가 흐린 것을 핑계 삼아 호텔에서 뒹굴기로 했다. 거의 매일 연속되는 새벽 촬영 탓에 아침 식사는 항상 늦는 편이니 느긋하게 쉴 수 있어서이다. 어제저녁이 매우 부실했던 탓에 현지 인솔자는 오늘 점심은 정말 맛있고 멋진 랍스터 요리를 대접한다는 공약까지 받아 놓은 터이다. 모자란 잠을 보충하고 고단한 몸도 좀 쉬어 주어야 랍스터도 맛있게 먹을 수 있다는 생각에, 아침 사진은 과감히 희생시킬 참이다.

시간이란 것이 한국에서만 빨리 가는 줄 알았더니 이곳도 마찬가지이다. 아직 잠이 채 들지 않았는데 일행은 돌아오고 말았다. 오늘은 나뿐만이 아니고 모두 피곤했는지 날씨도 나쁘니 엎어진 김에 쉬어 간다고 반나절을 호텔에서 쉬기로 했다는 것이다.

점심 식사는 진짜 랍스터가 나온다니 기대해 보자는 말에 어제저녁의 일이 고스란히 되살아났다. 이살로와 안자 국립공원을 왕복하는 원거리 여행에 지친 일행에게 가이드는 저녁은 랍스터를 실컷 먹을 수 있게 준비해 놓았다며 기대를 부풀렸다. 툴리아르 해변의 석양을 고스란히 즐길 수 있는 멋진 풍광의 레스토랑이었다. 40여 분쯤 기다리면 된다던 랍스타는 영 소식이 없다.

궁금한 인솔자가 내려간 후로도 한참이 지나갔다. 급기야 국내 인솔자까지 가세한다. 그래도 랍스터는 소식이 없다. 어찌 된 일이냐며 슬슬 짜증이 날 무렵 현지 인솔자가 흙빛이 된 얼굴로 올라온다. 아마도 이 세상에서 제일 난감한 표정이었을 것이다. 결과적으로 랍스터는 물 건너갔다는 얘기이다.

예약한 식당은 우리가 오기 얼마 전 시장을 나갔으나 랍스터를 구하지 못했단다. 전기가 부족한 탓에 냉장 시설을 최대한 이용하지 않으려고 식사 준비하기 얼마 전 시장으로 갔으나 원하는 만큼의 랍스터를 구할 수 없었고, 결국 펑크가 났다는 것이다. 의아한 우리의 표정을 보며 여전히 그는 또다시 "이곳은 그런 곳이다."라고 말하고 만다.

그동안은 우리가 운이 좋아서 펑크가 나지 않았을 뿐이란다. 배가 등짝 에 붙어버린 우리가 선택할 수 있은 것은 그들이 구한 낙지구이와 밥이다. 무엇이든지 빨

TRANSFERT
ANAKAO
034 91 468 36

리 달라는 반 짜증 섞인 소리에 올라온, 그것도 한 시간여를 기다린 끝에 내논 낙지는 가관이었다. 시간이야 숯불을 사용하니 어쩔 수 없다고 하더라도 '아! 이건 정말 아니다.' 낙지구이와 밥을 입에 넣는 순간 씹혀지는 모래 알갱이는 소금 대신인가?. 왜 이러냐는 우리의 표정에 그들의 생활 방식이라 말하는 인솔자는 목을 내놓은 죄인이 되었다. '아! 어쩌란 말인가?' 그냥 굶는 거지.

그들은 어디서도 그랬다. 호텔의 식당에서도 밥에는 돌이 마치 콩인 양 버젓이 자리 잡고 있었다. 그걸 탓하는 우리가 잘못하고 있는 것이다. 간식으로 때웠던 어제저녁 식사를 생각하면 오늘 점심에도 그 모양이 된다면 아마 폭동이 일어나고 말 것이다.

일단 식당 풍광은 그럴싸하다. 그렇다고 아직 긴장의 끈을 놓은 것은 아니다. 고급스러운 인테리어의 '블루', 그럴싸한 식당이지만, 그렇다고 돌 씹히는 밥을 짓지 말라는 법은 없으니까. 독일 사람이 운영한다는 이곳은 서비스 자세부터가 다르긴 하다. 그들에게는 동양의 돈 잘 쓰는 나라 한국 손님에 대한 친절이 남다르다. 독일인 대표가 직접 나서서 진두지휘하는 모습이 이곳의 다른 레스토랑에서는 볼 수 없었던 모습이다. 물론 종업원들은 모두 현지인들인데도 말이다.

이어서 퍼포먼스까지 동반하여 나온 음식은 일단 모양은 그럴싸하다. 한 번 속지 두 번 속지 않는다는 심경으로 커다란 랍스터에 포크를 푹 꽂았다. 그리고 용감하게 한 입 크게 베어 물었다. "그래 이 맛이야!"를 이럴 때 쓰는 거라는 것을 그때 알았다. 어제저녁의 황당함을 한 방에 훅 날려버리는 데 충분했다.

당근과 파 뿌리 등으로 만든 장식물이며 랍스터의 모양새까지, 사실 모양새가 중요한 것은 아니었다. 아프리카인데. 그냥 모래가 없고 밥에서 돌이나 좀 안 씹혔으면 하는 간절함 때문인지 우리의 기대치를 훨씬 능가하는 랍스터 파티는 그렇게 시작되었다.

흙빛이 되어 고개를 들지도 못했던 인솔자는 그제 서야 안도의 한숨을 몰아쉬며 어제저녁은 미안하다는 말조차 할 수 없었다며 눈치를 본다. 누군가의 박수가 시작되었다. 모두 물개박수까지 쳐가며 칭찬해 주었다. 사실 어제의 그 식당도 이곳 못지않은 곳이라고 한다. 다만 프랑스인이나 독일인이 대부분인 식당 주인들이 상주하는가 안 하는가에 따라 운영체계가 현저히 달라진다고 한다. 독일이나 프랑스인 식당 주인들은 본국과 이곳을 드나들며 거주하다 보니 식당 주인이 수시로 자리를 비우는 이곳의 사정상 어쩔 수 없다는 얘기이다.

대부분 원주민으로 구성된 이곳 종업원들이 서비스업에 대한 태도가 아직은 주인이 있을 때와 없을 때 확연히 달라진다고 한다. 그들의 그런 특성 때문에 잠깐 죽일 놈이 되어버린 인솔자는 그제야 얼굴을 들며 후식으로는 애플 망고가 일 인당 몇 개를 먹어도 될 만큼 준비되었다며 손뼉을 치는 우리를 향해 감사하다고 한다.

모두 랍스터는 Good!이라며 엄지를 올렸다. 조금 후 커다란 접시에 노란 나신의 몸을 누인 채 화려하게 등장한 애플 망고와 망고주스는 그 날 저녁 식사 후식의 백미를 장식했다. 어제저녁의 어이없는 기억이 오늘의 랍스터 요리를 더욱 빛나게 했다. 실패는 성공의 어머니라 하였으니 오늘의 성공으로 식사를 마친 현지 가이드의 어깨에 뽕이 한껏 들어가 있다.

2017년 1월 27일

벽돌공장

10월 27일, 벌써 13일째이니 마다 여행의 거의 막바지이다. 조금 지루해지던 여행은 마지막이 다가오자 다시 아쉬움이 불처럼 일어난다. 오늘이 이곳 오지 여행의 마지막이다. 내일부터는 도심으로 들어가 마다가스카르의 도심을 보고 귀국 준비를 해야 하기 때문이다.

전 국토가 황토가 지천인 마다가스카르는 마을마다 이런 벽돌공장이 있다. 공장이라기보다는 마을 사람들이 공동체가 되어 필요한 만큼의 벽돌을 만들고 구워내는 것이라고 한다. 우선은 이렇게 논밭 한가운데에 터를 잡고 사람들이 손으로 황토를 이겨 벽돌을 만들어 말리는 모양이다.

만들어진 벽돌은 조그만 성처럼 쌓아 올려 나무로 불을 땐다. 불과 이, 삼백 도의 온도로 아궁이에 불을 때서 찌어 낸다고 한다. 아직은 오두막처럼 지어지는 그들의 주택 모양이나 구조로 보아 그 정도의 강도이면 충분한 모양이다. 아니 충분

치 않더라도 아직은 더 이상의 강도로 만들 기술이 모자라거나 경제적 뒷받침이 부족한 탓도 있는 듯하다. 그들의 일하는 모습도 아직은 일차 산업인 농업이 이들의 살아가는 무대이니 우리나라에서 농경문화가 자리하던 시절의 두레나 품앗이 형태의 공동체 문화가 자리하고 있는 모양이다.

이른 아침부터 어른, 아이 할것 없이 모두 나서서 머리에 이고, 지고 벽돌을 나르는 모습이다. 아마도 가족 단위의 노동 형태여서인지 노동 현장에서 그들의 모습에서는 불행의 그림자가 보이지 않는다. 시종일관 웃으며 재잘거리며 그 무거운 벽돌을 나른다. 그날 아침 어쩌면 아빠나 엄마가 아이들에게 약속했을지도 모른다. 벽돌 나르는 일을 끝내고 나면 맛있는 과자를 준다거나 갖고 싶은 학용품을 사주기로 했는지도 모를 일이다. 그러니 벽돌을 이고 있는 아이들의 얼굴에 미소가 담겨 있음이 아닐까?

도심으로 들어오면 더러 콘크리트 벽돌로 지은 집이 간혹 보이기도 한다. 아마도 그곳에선 콘크리트 벽돌집이 부의 상징일 것이다. 우리도 그랬으니까. 흙에 짚을 섞어 벽에 바르고 돌과 나무로 주춧돌과 서까래를 올려 지어진 옛집들이 관리도 어렵고 약한 것을 흠잡아서 돈이 좀 여유가 생기자마자 부지런히 콘크리트 벽돌과 슬레이트로 바꿔버린 지 불과 50여 년이다. 그러나 그것도 잠시 이제는 그 옛날 황토벽에 초가집이 귀한 몸이 되었다. 좀 먹고살 만해지자 웰빙 바람이 물밀듯이 몰려온 탓이다.

그곳 마다가스카르도 지금 막 부의 상징인 콘크리트 열병이 시작되고 있는 셈이다.

머지않아 지금의 그 집들이 귀한 몸이 될 줄도 모르고. 그 시골 마을의 집들을 한 무더기 들어다가 우리의 시골에 올려놓고 황토방 펜션을 한다면 아마 대박 날 것이라고 말하자 일행들은 모두 완전히 공감한다며 계획 좀 세워보라고 하며 야단이다. 알았다며 나한테 맡기라고 하자 잘 안 되면 알아서 하라고 협박이다.

우리 마을에도 벽돌공장이 하나 있었다. 드물게 황토가 있는 구릉지 옆이었다. 방학에는 숙제한답시고 그곳으로 달려가서 찰진 진흙으로 무엇인가를 만들어 볕에 말리곤 했었다. 그 개울가 옆에 동네 아저씨가 벽돌공장을 세웠다. 마치 지금의 레미콘 차처럼 둥그런 등을 가진 황토 굴과 굴뚝을 커다랗게 만들어 놓았었다. 어느 날 굴뚝에서 연기가 며칠 동안 나고 나면 그 마당에 붉은 벽돌들이 산더미처럼 쌓였었다. 후에 그분은 서울의 어딘가에서 벽돌공장을 크게 해서 성공한 사업가가 되었다는 후문이다.

그 조그만 개울가가 그 벽돌공장이 모태가 되었던 셈이다. 그러니 전국의 땅이 모두 황토인 마다가스카르는 온 나라 곳곳에 조그만 벽돌공장이 지천인 것은 당연한 일일 것이다. 섬나라가 아니었다면 아마도 전 세계 최대 벽돌 공급원이 되었을지도 모를 일이다.

벽돌을 이고 가는 아이들의 얼굴에서, 어린 시절 벽돌공장 옆 진흙탕에서 뒹굴며 항아리를 만들고 흙인형을 만들던 내 보습이 보인다. 마치 청자나 백자라도 만들어

ONLY

낼 듯 손 맵시를 다듬던 기억. 그렇게 만들어진 조각품은 채 마르기도 전에 망가져 버려서 만들기 방학 숙제가 물 건너가 버리면 어쩔 수 없이 손바닥을 내밀어야 했다.

진흙 속에 꼭꼭 숨은 미꾸라지를 찾던 어린 나를 그려 본다.

방학 숙제를 내지 못한 그날 손바닥의 붉은 자극도 오늘은 예쁜 추억의 한 토막이다.

2017년 1월 30일

자카란다의 도시

여행 15일째 마다가스카르의 수도 안타나나리보의 아침이다. 여행의 막바지에 우리는 이 나라의 수도인 도시로 왔다. 마다가스카르의 마지막 왕조가 몰락한 도시이다. 이른 아침 호수가 내려다보이는 곳에 올라 안타나나리보의 아침을 느낀다. 아침은 어디든지 상쾌함을 준다. 폐부 깊숙한 곳으로 시원한 공기를 흠뻑 들이마신 후의 아침은 아침만이 줄 수 있는 몸을 느끼게 해서 좋다.

어느 나라나 왕궁은 다운 타운을 한눈에 내려다보이는 곳이나 그 중앙부 요충지에 위치한다. 왕궁이 있던 마을에는 식민지 시대 지배 계급이었던 영국, 프랑스인들이 거주하던 곳이어서인지 유럽풍의 고급주택과 쇼핑가, 교회 등이 있었다. 지배자였던 그들의 안방 혹은 거실에서 내려다보이는 이노시 호수는 다운 타운을 안고 있다. 호수 주변에는 아프리카의 벚꽃이라 불리는 보라색 자카란다가 흐드러지게 피어있다.

아름답게 보이는 호수는 이 도시의 오염원의 집산지인 것처럼 오염된 물로 채워져 있지만 멀리 떨어져 있는 왕궁에서는 아름답게 보일 뿐이다. 마치 왕궁이나 고급주택가의 VIEW를 위해 만들어진 것처럼. 저 멀리 보이는 능선에는 안개와 섞인 아침 연기가 피어오른다. 이 도시 사람들이 아침 일상이 그 연기와 함께 시작된다.

이곳을 지배했던 영국과 프랑스가 일제 강점기의 일본인들처럼 가혹하게 식민지 국민을 탄압했는지는 알 수 없다. 그러나 식민 민족의 설움이 그다지 다르지 않았을 것이라는 생각을 지울 수 없는 것은 그들이 사는 주거공간의 차이에서도 느낄 수 있을 것 같다.

시내의 철로 변에 자리 잡은 서민들, 아니 빈민들의 주거공간은 너무나 열악하다. 이 지저분한 개천은 온 동네 사람들의 화장실 역할까지 담당한다. 모든 이들이 이 아침, 부드러운 볕을 받으며 이 개천을 향해 서슴없이 오줌발을 날린다. 차마 카메라를 들이댈 수 없었던 수많은 광경을 뒤로하고 철로 변으로 향했다.

이른 아침부터 아이들도, 어른들도 왁자지껄하다. 뛰어노는 아이들, 무언가를 열심히 팔고 있는 엄마, 혹은 언니의 등에 업힌 아이는 낯선 우리들의 모습이 더 신기한 모양이다. 세수한 지가 언제였는지 가늠할 수 없는 그 아이들의 얼굴에서 우리의 지난날의 모습을 읽는다.

그 오염된 도시의 한 귀퉁이, 그 아이들이 자라는 곳은 건설회사

출신 서울시장이 청계천을 덮을 당시 우리의 모습이 아니었을까? 아니나 다를까. 개천을 따라 시내로 들어가니 그곳은 이미 덮어진 상태이다. 시내 한복판 번화가에 자리 잡은 도로 한복판은 개천을 덮은 곳이다.

미처 보수공사를 하지 못한 곳으로 보이는 도로 밑 하천은 형언할 수 없을 정도로 오염된 물이 흐르고 악취가 진동한다. 그 개천 옆의 이노시 호수도 마찬가지이다. 호숫가에 화려하게 핀 자카란다는 호수의 오염된 물을 마시고 자라면서도 여전히 아름다운 꽃을 피우고 있으니 자연의 위대함 마저 느끼게 한다. 그곳의 상황을 보며 안타까움으로 복잡해지는 머릿속을 진정시킨다. 이들도 또한 시대적 아픔을 겪고 있음이리라.

개천을 따라 다시 철로 변으로 나왔다. 천변에는 이 사진 속의 남자처럼 조그만 곳에 자리를 잡은 수리공들이 많다. 이른바 만물 수리공들인 셈이다. 6·25전쟁 이후 우리네 청계천 변을 중심으로 번성했던 이런 종류의 수리공들은 훗날 우리나라 제조업의 모태가 되었다고 하니 이들도 언젠가 그날엔 마다가스카르의 제조업의 꽃을 피울 수 있을지도 모르겠다.

그 옆에서 놀고 있던 우수에 젖은 눈을 한 사내아이와 누나의 등에 업힌 범상치 않은 눈빛의 아기가 어쩌면 20년, 또는 30년 후에 그 나라의 훌륭한 산업 역군이 되어가는 꿈을 꾸어본다.

지금 그들의 삶을 바라보며 내가 해줄 수 있는 것은 그런 꿈을 키우는 사람들로 그들을 묘사해주는 것밖에는 달리 그들을 위로해줄 방법을 찾지 못했다. 그곳의 아이들에게 그날 아침 나누어 주었던 과자나 사탕 몇 개가 그들에게 그것을 만들어 보고 싶다는 작을 열망을 키울 수 있는 씨앗이 되기를 기대하며 철로 변에서의 무거운 마음을 접어본다.

철로 변 그 아이들의 맑고 순수한, 그리고 수줍은 얼굴에서 그들의 내일을 기대하며 안타나나리보의 아침 촬영을 마친다.

2017년 1월 30일

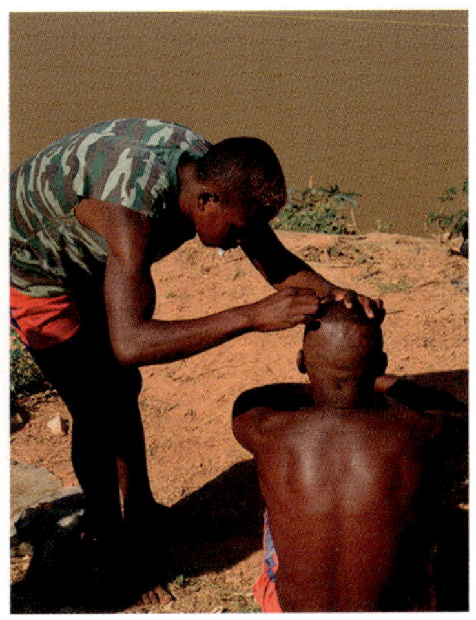

천사들의 나라

마다가스카르 촬영 여행의 백미는 아기천사들과 만남이다. 아이들의 얼굴에선 어느 나라를 막론하고 천사들을 보는 것 같다.

마다가스카르 하면 떠오르는 것은 우선 바오밥 나무이다. 수천 년의 수령과 독특한 생김새를 자랑하며 우람하게 서 있던 바오밥 나무도 이 아이들의 적수가 될 수 없음은 바오밥 나무 아래에서 뛰어놀던 아이를 카메라에 담으며 이미 직감했다.

소설 어린 왕자의 별에서 바오밥 나무가 나쁜 나무로 묘사되었던 것은 순전히 그 별의 어린 왕자가 아이였기 때문이 아닐까 하는 생각이 드는 것은 이 아이들의 얼굴에서 보았던 맑고 순수한 영혼을 보았기 때문이다.

이 조그마한 아이들의 눈에 그 거대한 바오밥 나무의 위압적인 모습은 충분히 나쁜 나무로 볼 수밖에 없었을 것이다. 선진국의 여느 아이들처럼 영악스러

움을 찾아볼 수 없는 꾸밈없는 모습의 그 아이들의 모습에서 나는 마다가스카르의 미래를 그려 보았다.

바오밥 나무 밑에서 만난 어여쁜 여자아이. 아나카오의 해변 마을에서 만난, 마치 그 표정이 모델의 포스를 느끼게 했던 소녀. 어느 시골 마을, 부드러운 아침 햇살을 등에 살포시 얹은 채 내 앞에 서서 부끄러운 듯 살그머니 포즈를 취했던 어린 소녀.

철로 변의 아침, 얼마 동안 세수를 안 했는지, 아니 못 했을지도 모르겠다. 어딘지 모르게 슬픈 모습이었던 소년. 툴리아르의 어느 한적한 마을 놀란 눈으로 우리를 쳐다보던 그 아이의 맑은 눈.

친구들의 사진 찍는 모습을 물끄러미 쳐다보던 소년은 갑자기 방향을 바꾼 내 카메라에 사진이 찍히자 보여 달라며 선뜻 나섰다.

부드러운 햇살이 가득 들어온 한적한 시골 마을에 우리가 차를 세우자 아이들이 모두 달려 나왔다. 호기심에 가득찬 아이들과 함께 어울려 사진도 찍고, 통하지도 않은 의사소통에 몸짓, 발짓하던 우리를 쳐다보던 소년. 그 소년은 수줍었는지 나무 뒤에 몸을 살짝 숨기고 우리를 지켜보고 있었다. 그 소년의 호기심이 잔뜩 담긴 표정이 내 카메라에 담겼다. 수줍게 웃으며 다가온 그 소년은 제 사진을 보며 다시 수줍게 웃었다. 가지고 간 볼펜과 과자를 주자 볼펜만을 집어 들고 부끄러운 달음질을 쳤었다.

부둣가마을, 마치 모델이라도 된 듯 포즈를 잡던 소년은 제 동생과 함께 찍어 달

라고 요구했던 자신감 있고 형제애가 돈독했던 소년이다.

모른다바로 가는 길목의 어느 작은 마을, 일행 중 지인은 사진 촬영을 위해 드론을 띄웠다. 몇 호 안 되는 마을의 그곳 아이들은 처음 보는 조그만 비행기 모습에 모두 사방으로 뛰어다닌다. 한 어른은 무서운지 갑자기 허리를 굽힌다.

아이들과 여자들은 그 아저씨의 갑작스러운 행동에 웃음 폭탄이다. 아마도 그는 전쟁을 생각했는지 모르겠다. 마치 비행기처럼 생긴 이상한 물체가 하늘을 날아다니니 신기함보다 무서움이 더 앞섰을 것이다. 식민지 조국이 처했던 상황이 그런 행동을 하게 만들지 않았을까. 사람은 누구나 자기 생각만큼 행동하게 되어있으니까 말이다. 반면 아이들과 여자들은 그저 신기한 그 물체가 신기했을 뿐일 테니 연일 웃으며 드론을 쫓아 이리저리 몰려다녔다. 어쩌면 그네들은 낯선 사람을 의심할 줄 모르는 순수한 마음을 가졌기 때문이리라.

아이들도 어른들도 모두 순수한 천사의 마음을 가진 마다가스카르 여행에서 나도 모르게 그들의 마음을 따라가고 있음을 느끼며 마음속에 잔잔한 파문이 일고 있었다. 어쩌면 이 여행에서만 느낄 수 있었던 최상의 힐링 타임이 아니었을까.

우리들의 어린 날, 천사였을지도 모르는 우리의 모습을 기억하며 그들과의 해후를 카메라에 담는다.

2017년 2월 2일

불타는 대지

16박 17일의 여정, 아프리카의 남동해안 인도양 남서부의 섬나라 마다가스카르 여행을 마치고 귀국하는 날이다.

여행 기간, 정치·경제는 물론 물밀듯이 허가도 안 받고 쏟아져 들어오는 SNS의 세계와도 절연하고 지내니 멍해졌던 머릿속이 겨우 한가함에 길들어가고 있었다. 하지만 세상살이가 그리 쉬운가. 귀국하자마자 쏟아져 들어오는 각종 매체에는 난데없는 사태로 언론은 들끓고, 백성들의 가슴은 마치 마다카스카르의 들판처럼 불타고 있었다.

마다카스카르 여행 중 나는 능선 너머로 뿌옇게 피어오르는 연기를 자주 볼 수 있었다. 야트막한 능선은 말할 것도 없고 꽤 구릉진 산도 역시 불타고 있음은 마찬가지였다. 의아한 표정을 지으며 묻는 내 질문에 가이드는 화전을 위한 것이라

고 한다.

설명에 의하면 마다가스카르는 이주자 대부분이 말레이-폴리네시아계로 인도네시아와 남동 아시아에서 인도양을 건너왔다고 한다. 인간이 이 섬에 들어오면서 쌀과 벌채 기술을 가져 왔고 현재에는 원래 삼림의 15% 정도만 남아 있다고 한다. 주식이 쌀인 사람들은 우선 먹고살기 위해서 화전을 위해 들판에 불을 지른다. 그 불은 원하는 만큼의 면적만 태우고 그칠 수 없으니 주변을 다 불사른 후에 꺼지곤 하였다. 불타버린 들판을 삽과 곡괭이로 일궈 논밭을 만들고, 구릉지는 다랑논을 만들어 벼를 재배한다.

거기다가 아직 그 나라는 대도시마저도 숯을 땔감으로 쓰고 있다. 그러니 불타버린 들판의 나무는 여지없이 잘려나가 숯으로 만들어지고 도시로 팔려 나가니 숲과 들판은 계속해서 불타고 있을 수밖에 없다. 그 불타버린 나무들을 복원하려면 얼마나 많은 시간이 걸려야 하는지도 모르고, 아니 모르지 않을 것이다. 다만 당장 목구멍이 포도청이니 그럴 수밖에 없을 것이란 생각이 들었다.

50여 년 전쯤 일이다. 초등학생인 우리의 손에 들려졌던 깡통과 집게가 생각났다. 나이 어린 초등학생이던 나는 박정희 대통령이 쿠데타를 일으켜 정권을 잡았는지 알 수도 없었고 관심도 없었던 때이다. 다만 어린이들이 병정놀이를 많이 했던 기억이 전부이다.

고사리 같은 우리들의 손에는 끈이 달린 깡통에 등유가 조금씩 들어 있었다. 처음에는 아무것도 모르고 소풍 가는 줄 알고 재잘거리며 찾아간 곳은 소나무밭이었다. 심은 지 오래지 않아 덜 자란 소나무는 우리들의 키와 맘먹었다. 그 소나무에서 송충이를 집게로 잡아 깡통 안에 넣으면 송충이는 등유 때문에 기어오르지 못하고 죽어간다.

처음 시작할 때는 징그럽기도 하고 송충이가 목에 떨어지기라도 하면 온몸이 다 근질거리는 것 같아 모두 울상이었다. 그러나 어디서든 당근과 채찍이라는 원리가 작동하게 되면 대응방법이 달라지는 것은 예나 지금이나 마찬가지이다. 송충이잡이를 제일 많이 한 사람에게 주어지는 포상, 그것은 맛있고 귀한 식빵이었다. 부잣집 아이건, 가난한 집 아이건 할 것 없이 눈에 불을 켜는 것은 마찬가지였던 것 같다.

그렇게 벌거숭이였던 우리의 산야가 지금처럼 푸르름을 되찾게 된 것은 한 나라 지도자의 역할이 얼마나 중요한지, 미래 세대에 어떤 영향을 미치는지 설명하지 않아도 알 것이다. 마다가스카르의 지도자 또한 이를 모르지는 않을 텐데. 아직은 역량이 모자라서인지, 아니면 잿밥에만 관심이 있는지 알 수 없지만, 오늘도 여전히 그 들판은 불타고 있을 터이니 그 들의 미래가 참으로 암울해 보이고 걱정스럽다.

그렇게 지켜져 온 우리나라, 우리들의 고사리손으로 거침없이 송충이를 잡게 하며 일궈 온 우리나라의 현실은 어떠한가? 30여 년 만에 세계 유례없는 고도성장을 이루고 풍요한 살림살이를 가지게 된 우리가 혹시나 너무 일찍 축포를 터뜨려 버린 것은 아닌지 걱정스럽다. 국민은 풍요함을 갈망하며 더더욱 목말라하고, 정치가들은 정쟁에 빠져있다. 행정가는 무사안일주의에 꼼짝하지 않은 채 국민의 삶을 내팽개

쳐 버린 상황이 되어가고 있는 것 같다.

얼마 전 보수 논객인 DJ는 현직 대통령에게 따끔하게 일침을 놓았다. 몇 년 동안 지켜보아도 별로 신통해 보이지 않았는지 일정 부분 아버지 덕에 대통령이 되었으니 그 빚을 갚으라는 얘기였다.

마다가스카르의 불타는 들판을 바라보며 나는 눈물이 날 것 같았다. 50여 년 전 우리들의 어린 손에 깡통을 들게 했던 대통령이 생각나서였다. 그분이 계셨기에 오늘 우리의 풍요로움이 있음은 누구도 부인할 수 없을 것이다. 최순실인지 하는 한 여자의 망동을 제지하지 못하고 온 나라에 기름 부어 놓은 듯 들끓게 만들어 버린 대통령을 하늘나라에서 내려다보고 계시는 아버지 박 대통령과 육영수 여사의 고뇌에 찬 모습이 보이는 듯하다. 아버지의 빚은 고사하고 큰 멍에를 지워드리는 결과가 되어버렸으니 이 일을 어찌한단 말인가?

차마 울지도 못하는 음성으로 대국민 사과를 하고, 사태를 수습해보려고 안간힘을 쓰고 있긴 하지만 엎질러져 버린 물은 주워 담기엔 역부족인 것 같다.

마다가스카르의 제3 도시 피아란초아에서 안치라베로 이동하던 중 우리는 다시 불타버린 들판 앞에 차를 세웠다. 장거리 이동에 지쳐버린 자동차가 드디어 퍼져 버렸다.

기어도 말을 안 듣고, 머신 오일은 줄줄 샜다. 차를 수리해야 하니 기다릴 수밖에 없었다. 엎어진 김에 쉬어간다고 불타버린 들판으로 들어가 보았다.

아! 그곳에는 새까만 흙을 제치고 고사리가 솟아오르고 있었다. 그러고 보니 그곳은 아직 봄이었다. 어쩌면 이곳 마다가스카르의 들판에도 언젠가는 우리에게 송충이잡이 깡통을 쥐게 했던 지도자처럼 훌륭한 지도자가 나타나 불타버린 산야에 다시 나무를 심고 숲을 가꾸게 될지도 모른다. 그렇게 된다면 우리 국민만큼이나 부지런해 보이는 그 나라 국민은 머지않아 풍요한 나라를 건설할 수 있을 것이다.

여전히 불타고 있는 마다가스카르의 대지 위에 고사리가 솟아오른 것처럼, 온 나라에 기름을 부은 듯 들끓고 있는 우리네 일상에도 새로운 싹이 돋아날 수 있도록 시원스러운 해결책이 속히 마련되었으면 하는 바람이다.

마다가스카르의 불타는 대지를 바라보며 안타까움에 한숨짓던 내가 오늘은 신문과 방송을 보며 또다시 한숨짓게 될 줄이야.

2016년 11월 5일

Ethiopia

5

다나킬의 티그리족 그들의 상그릴라로

에티오피아의 티그리족은 조상 대대로 다나킬 평원의 소금을 캐며 살아왔다. 11월 5일 에티오피아에서 네 번째 날, 지하 130여 도의 지하평원에 드넓게 형성된 소금평원을 만났다. 원시적 하룻밤을 보내고 해가 뜨기 전 우리는 다시 카메라를 들고 그들의 삶으로 들어가 본다.

신의 나라를 가다

정식 국가명칭은 에티오피아 연방 민주공화국(Federal Democratic Republic of Ethiopia)이다. 아프리카 동북부 홍해 연안에 위치 해있고, 북쪽으로 에리트레아, 동쪽으로 지부티, 소말리아, 남쪽으로 케냐, 서쪽으로 수단에 접한다.

다른 아프리카 국가와 달리 솔로몬왕 시대부터 시작되는 약 3000년의 긴 역사를 가졌으며, 1936~1941년을 빼고 식민 지배를 받은 적이 없는 나라이다. 국명은 '혼혈인' 또는 '태양에 그을린 얼굴의 땅'이라는 뜻으로, 아랍어(語)로 '아비시니아'라고도 부른다. 면적은 한반도의 5배, 인구는 1억 명 정도이다. 행정수도는 아디스아바바로 뉴플라워란 뜻이라고 한다.

종교는 에티오피아정교회(베다네알렘)의 신자와 이슬람교도가 대부분이다. 다른 나라와 달리 에티오피아는 이슬람교도를 받아들일 당시 왕조와의 협약에 의해 에디오피아정교인과 이슬람교도와 사이좋게 지낼 것을 약속하였고 이는 지금도 지켜지고 있어 종교분쟁이 일어나지 않는 나라이기도 하다.

아라비카 커피(Arabica Coffee)의 원산지로 '커피의 고향'으로 알려져 있으며 아프리카 최대의 커피 생산국이다. 생산량이 약 46만 톤으로 세계 6위의 커피 생산국이다.

우리나라의 6.25전쟁 당시 참전 국가로서 우리에게는 더없이 고마운 나라이기도 하다. 남춘천역, 한 조각공원의 끝부분에 에티오피아 참전 기념비가 세워져 있다[4]. 강원도의 금화, 화천, 산양리 일대에서 적들과 싸운 에티오피아 용사들의 넋을 기리기 위해 1968년 5월에 세워졌다.

한국전이 발발하자 참전용사들은 약 6개월의 고강도 훈련을 거쳐 1951년에 한국으로 떠났다. 적에게 결정적인 타격을 주는 대대라는 의미를 붙여 '강뉴대대'라고 명칭을 정하고 1,153명의 에티오피아 장병은 1951년 5월 부산항에 도착하였다.

2,700여 도의 고도의 나라에서 온 병사들은 지세가 비슷한 강원도에서 싸우게 되었다. 유엔군의 위기

4) www.naver.com 참조

때마다 큰 공을 세웠고, 531명의 부상자와 121명의 전사자가 발생하는 슬픈 흔적을 남기게 되었다. 하지만 참전용사들이 전쟁을 끝내고 그들의 고국으로 돌아갔을 때 에티오피아는 군부 쿠데타로 공산국가로 바뀌고 말았다. 참전용사들은 자본주의 국가를 도왔다는 이유로 탄압을 받게 되었으며 그 이후 그들의 삶은 가난의 연속이었다고 한다.

내가 에티오피아에 오지 않았다면 그냥 지나치고 말았을 우리와의 역사적 인연을 상기하게 되자 그들에 대한 고마움과 미안함에 절로 부끄러워진다. 귀국하면 춘천의 기념탑에라도 가보아야 할 것 같다. 이제 우리나라가 그들을 도와야 할 때가 된 것이 아닐까?.

열세 시간의 비행 끝에 도착한 아디스아바바의 볼레 국제공항은 우리나라의 여느 지방공항보다도 작고 초라했다. 국민소득이 500달러도 안 된다고 하니 당연한 일이다. 그들이 아직은 사회적 인프라에 쓸 돈이 없어서일 것이다.

첫 행보로 에디오피아정교회의 교회를 보러 갔다. 정교하고 밝게 빛나는 교회의 천장과 실크스크린으로 아름답게 빛나고 있는 창으로 찬란한 빛이 들어 온다. 마치 어느 날 그곳으로부터 내려온 천사라도 있었던 듯. 아름다운 교회 내부를 보며 그들의 신앙심의 깊이를 느낀다. 냉담자인 나조차도 나도 모르게 성호를 그으며 잠시 침묵의 기도를 올리게 한다. 사제의 제지로 사진은 찍을 수 없었다. 기도하는 사람들에게 방해가 되는 것을 우려한 처사이니 이해가 되기는 하였지만 아쉬움은 남았다.

우리나라에서 교회당에 엄청난 투자를 해대며 경쟁적으로 지어지는 모습을 바라보며 혀를 차던 나였지만 그곳의 화려한 아름다움을 보면서는 만감이 교차한다. 이런 교회의 모습이 그들의 신앙심을 더욱 깊어지게 하고 있을지도 모른다는 생각과 그런 자금으로 국민의 생활을 개선하면 어땠을까 하는 생각에 잠시 잠겨 보지만 역시 답을 찾을 수는 없다. 사람마다, 나라마다 삶의 방식이 다를 터. 무어라 단정할 수 없는 문제이니 그저 고민 같지 않은 고민을 할 수밖에.

교회의 벽면에 기대어 간절히 기도하는 이 여성을 보며 추운 겨울 날 장독대에서 시린 손을 한데 모아 하얀 사발에 깔끔하고 시린 정화수를 올려놓고 간절히 기도하던 어머니를 떠올렸다. 동서고금을 막론하고 기도하는 이들의 마음은 모두 하나일 것이다. 가족의 건강을 기원하고, 자식이 잘되기를 바라고 사는 동안 평안하기를 바라는 마음, 그것이리라. 저 여인의 기도는 무엇을 위한 염원일까 잠시 궁금해진다.

잠시 성호를 긋고 기도해본다. 감히 무언가를 위해 기도하기에는 오랫동안 냉담해 온 천주교 신자여서 양심이 허락하지 않으니 "신의 뜻대로 하소서"라고.

그리고 교회 곳곳에 서 계신 예수님의 눈을 피해 문을 나서며 혼자 중얼거렸다. "하느님 제가 좀 괘씸하더라도 한 번만 봐주세요, 이 멀고 먼 낯 선 나라의 여행을 무사히 마치고 돌아갈 수 있도록…" 아마도 내 염치없는 기도를 들어주시리라 굳게 믿는다. 천하 유일의 공평하신 분이시니.

지인들은 사방이 분쟁국으로 둘러싸인 나라로 굳이 위험한 여행을 하느냐며 걱정하지만 정작 이곳은 평화롭고 한적하기만 하다. 마치 우리나라가 곧 전쟁의 도가니 속으로 빠져들 것 같은 위기감으로 휩싸여 있어도 우리는 만고 태평인 것처럼 그 나라 국민도 아무렇지도 않게 잘 살아가고 있는 모습이다. 정작 그 나라 국민은 우리나라의 유명배우가 헐벗고 굶주린 아이와 함께 도움을 요청하는 광고를 보며 기분이 언짢아진다는 뜻을 전한다.

인접 국가인 분쟁국(소말리아 등)에서 무단으로 국경을 넘어온 난민을 쫓아내지 않고 살아가게 하는 것을 두고 마치 에티오피아 사람들인 것처럼 호도되고 있음이 안타깝다고 전한다. 이웃 국가의 난민들을 따뜻이 대해주는 맘씨 좋은 이웃집 아저씨를 나무라는 것과 같다는 것이다.

이제부터 그 진위를 보면 알게 될 것이다. 그들의 말하는 신의 나라, 모세의 십계명을 보관하고 있다는 자긍심을 드러내며 한껏 으스대는 에티오피아의 메마른 들과 산으로, 도시로 탐색의 길을 떠난다.

3,000년의 역사를 지녔다는 에티오피아 정교회의 회당을 나와 국내선 항공편을 이용하여 메켈레로 떠난다. 역사와 전통, 영광스러웠던 악숨 왕국의 후예라는 자긍심을 가득 품은 신의 나라 에티오피아 여행을 본격적으로 시작하려 함이다.

2018년 1월 20일.

다나킬로 가는 길

에티오피아의 수도 아디스아바바에서 국내 항공편을 이용하여 메켈레에 도착한 우리는 악숨(AXUM)호텔에 여장을 풀었다. 다음 날 이른 새벽 큰 여행 가방에서 다나킬에서 사용할 세면도구와 옷가지, 카메라 가방만을 간단하게 챙기고 다나킬의 하메델레로 이동한다. 지구상에서 가장 뜨거운 땅 다나킬을 만나기 위함이다.

메켈레 시내를 벗어난 길은 몇 년 전까지만 해도 비포장 길이였다고 하는데 지금은 말끔히 포장되어 있다. 중국의 일대일로 정책이 이곳에까지 들어와 무상으로 도로를 놓아주고 있다.

사실 말이 무상이지 또 다른 그들의 속내를 채워주고 있음을 말해 무엇 하겠는가. 그런데도 선뜻 나서지 못하는, 아니 나설 생각조차 못 하고 있는지도 모르는, 우리나라만 손해 보는 듯한 이 느낌은 무엇 때문인지.

도로는 무분별하게 관리가 잘되지 않아서인지 포장상태가 그다지 좋진 않지만, 석 대의 지프로 이동하는 데는 별 무리가 없다. 황량하고 메마른 땅을 가로지른 도로 양옆은 도로보다 황량하다. 시야에 들어온 풍경을 바라보노라니 그 메마름이 내 몸까지 전해져 오는지 심한 갈증이 올라온다.

무의식중에 생수통을 들고 물을 벌컥벌컥 마셔보지만 여전히 목마름은 가시지 않는다. 무더위를 피해 굳게 닫힌 차창 너머로 들어온 저 모습이 사람들이 사는 집이라고 한다. 구불거리는 나무를 얼기설기 엮어서 마치 짐승의 우리처럼 만들어진 저곳에서 사람들은 살아가는 모양이다. 곧 쓰러질 듯 위태하게 서 있는 전봇대가 그곳이 사람들이 사는 곳임을 알려 준다.

그곳의 나무들은 가뭄 탓에 빨리 자라지 못하니 갖가지 열악한 환경에 적응하면서 자라느라고 애를 쓰는지 그 모습이 마치 나이든 노파의 허리처럼 구부러진 모습이다. 질긴 생명력을 붙들고 살아남은 저 나무는 수령이 꽤 되어 보인다. 나처럼 키가 작지만 옹골진 모습이다. 기나긴 가뭄을 견디어 온 나무들은 이처럼 구부러지고 옹이진 모습으로 장엄하게 서 있다. 메마른 땅에 질긴 잡초들을 거느리고 서 있는 도도한 모습이 마치 에티오피아의 오래된 역사와 근성을 말해 주는 듯하여 한 컷 담았다.

에티오피아의 황량한 매력속에서 허우적대는 우리 앞에 나타난 낙타의 카라반 행렬이다.

우리는 누구랄 것도 없이 자동차에서 뛰어내려 낙타행렬을 향해 장총(망원렌즈)을 들이댔다. 숨죽이는 몇 분이 지나고 우리 카메라에는 낙타의 행렬이 에티오피아 상징처럼 담겼다.

에티오피아에서는 아직도 당나귀와 낙타가 가장 큰 운송수단이라고 한다. 그네들의 큰 재산인 낙타는 당나귀가 차지하고 있던 운송수단으로서의 가축의 지위를 큰 덩치와 힘으로 빼앗았다. 지금은 당나귀가 소형트럭의 역할을 한다면, 낙타는 대형트럭의 역할을 하고 있다고 볼 수 있다.

그 뜨거운 땅 다나킬에서 채취된 소금을 낙타의 등에 얹고 도시로 나간다. 그 소금은 도시에서 다시 아무것도 생산되지 않는 다나킬의 주민들을 위한 생필품으로 바뀌어 낙타의 등에 얹어진다. 아침에 핸드폰에서 손가락 몇 번 움직이면 퇴근 시간에 현관문 앞에 원하는 물건이 놓여있는 이 시대, 1900년대에나 있음 직한 아날로그 감성을 자극하는 광경은 수십 년 전의 향수 속으로 빠져들어가 내 가슴을 사로잡았다.

초등학교 때의 일이다. 여름이 끝나갈 즈음, 어머니는 부지런히 대죽(수숫대의 제주도 사투리)을 베어다가 껍질을 벗겨내고 씨를 훑어 낸 후 곱게 말렸다. 잘 마른 대죽을 알맞은 크기로 잘라 가지런히 쌓아 두면, 시내에서 학교에 다니던 둘째 오빠가 주말에 집으로 돌아온다. 주경야독하던 둘째 오빠는 주말에 그 대죽으로 빗자루를 만들었다. 아버지가 안 계신 우리집에서 오빠가 담당했던 특별한 역할이다. 엄마는 잘 만들어진 빗자루를 짊어지고 시장으로 내다 팔아 가용 돈을 만들곤 하였다. 엄마를 따라 시장에 갔을 때 보았던 빨간 스웨터에 까만 주름치마가 몹시 사고 싶었던 날이다.

둘째 오빠가 마당으로 들어서자 그렇게 반가울 수가 없었다. 내 안에서 음모가 자라고 있었던 탓이다. 오빠가 만든 빗자루를 팔러 가는 날 엄마를 따라갈 생각이었다. 그리고 그 옷을 사달라고 떼를 쓸 참이었기 때문이다. 오빠의 빗자루 만들기가 끝나고 엄마가 시장으로 나가는 날을 기다리는 데 그 시간이 왜 그리 더디 갔었는지. 지금 생각해도 지루해 죽을 맛이다. 그 지루함이 지나고 따라나선 시장에서 엄청난 떼를 쓴 후에 얻어 입었던 빨간 스웨터와 어깨끈이 달린 까만 주름치마는 처음으로 장만한 한 벌짜리 추석빔이었다.

지금 생각해보면 그 기다림이 시간은 내가 꿈꿀 수 있었던, 그리고 계획했던 신나는 시간이었던 것 같다. 아직도 생생하게 기억나는 엄마와 함께했던 그리움이 시간이다. 이제는 다시 해 볼 수 없는 느린 시간 속의 행복한 추억이다.

나는 아직도 모르겠다. 저들의 느림이 좋은 것인지, 우리의 빠름이 좋은 것인지. 다만 우리는 그 빠름, 빠름에 갇혀 우리 자신을 너무 혹사하고 있지나 않은지에 대한 고민이 물밀듯이 몰려옴은 왜인지 모르겠다.

우리는 다시 메마르고 가파른 2,700~2,800여 도의 고도를 내려 달려 지하 백이삼십 미터의 고도 뜨거운 땅, 3,000여 년 동안 활활 타오르는 활화산의 땅, 다나킬을 향해 달린다.

2018년 02월. 04일

원시 속으로

연평균 기온 섭씨 34도. 한여름 기온은 무려 60도가 된다는 에티오피아의 다나킬, 지하 130여 도의 고도 뜨거운 땅으로 들어왔다. 에티오피아 여행 3일째이다. 이곳에서 우리가 맞이한 첫 호텔(캠프)의 모습이다. 이렇게 얼기설기 이어 붙인 움막 호텔에 수제 침대가 덩그러니 놓여 있다. 물론 전기도 없다. 아니 철탑이 있는 것으로 보아 전기는 들어와 있는 모양이다. 다만 이곳 호텔 방까지 수혜가 미치지 못했을 뿐. 궁여지책으로 가지고 간 랜턴으로 불을 밝히고 있어야 하니 그저 빨리 자는 수밖에.

원시생활이 시작임을 그때까지만 해도 몰랐다. 원시생활의 수칙 첫 번째는 일단 하루에 그곳 주민들이 사용하는 노란 물통(약 20 리터 정도) 하나에 담겨있는 물로 6명이 씻어야 한다는 것이다. 그렇다고 가득 들어 있는 것도 아니다. 머리를 감건 말건, 그건 자유다. 깜깜한 밤, 달빛을 받으며 한 사람은 바가지로 물을 부어주고 한 사람은 그 물을 받아 씻는다.

이틀을 달려온 머리는 떡이 되어가는 중인데도 언감생심이다. 대충 고양이 세수만 하고 침대에 누웠다. 더위 탓에 땀이 범벅이다. 덥다고 난리를 떨면서도 피곤함을 주체할 수 없었던지 잠 속으로 함몰되어 갔다.

두 번째 날 밤이다. 그날도 여전히 달빛은 교교하다. 한 지붕 안에 있던 우리는 더위를 피해 침대를 들고 밖으로 나갔다. 하늘을 지붕 삼아 잘 요량이다. 워낙 피곤한 상태이니 나 또한 잠 속으로 빠져들었다. 얼마나 지났을까 바람이 내 머리를 요동치게 한다. 바람이 부는 탓에 덥지는 않으니 침낭 속으로 몸을 숨겼다. 소용이 없다. 윙윙거리는 바람 소리에 침대까지 덜커덩거리니 잠을 잘 수가 없다. 할 수 없이 일어나 곤히 잠든 두 언니만 남겨두고 내 침대만 살그머니 들고 들어와 넓은 움

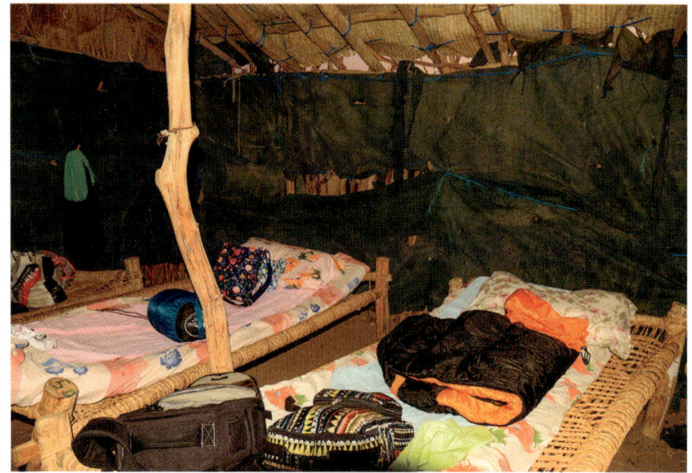

막 호텔 스위트룸에서 흠뻑 진 잠을 잤다.

아침에 일어난 두 분 언니는 내가 없어진 줄도 모르고 잤다며 크게 기지개를 켠다. 네가 좀 가벼워서 덜컹거린 모양이라며 아주 잘 잤다는 표정이다. 간밤의 사연이야 어찌 되었건 이 원시의 호텔에서의 두 번째 밤을 그렇게 넘겼으니, 우리의 현장 적응력은 누구도 못 따라올 것이다.

아직 달빛이 채 가시지 않은 새벽 우리는 이미 길섶 화장실을 찾아 노상 방뇨도 끝냈다. 이제 씻는데도 요령이 생기기 시작했다. 남이 세수한 물로 일단 머리에 물을 적시고 비누칠을 한다. 샴푸는 거품이 많이 생긴다며 구박당했다. 다시 남이 세수한 물로 초벌 헹굼을 한다.

그리고 마지막은 깨끗한 물로 대충 헹궈내니 떡진 머리도 끝이다. 서로 킬킬대며 씻는 시간이 재미가 쏠쏠하다. 물론 4일이니까 참을 수 있었겠지만. 다음 날부터는 이미 묵계로 정해진 메뉴얼대로 행하니 20리터의 물이 남아돌기까지 했다. 앞서 쓴 이들이 아껴 쓰느라 남겨진 물은 막내인 내 차지이니 대박인 셈으로 장갑과 손수건까지 빨아 썼다.

다나킬에 이르기 직전 조그만 마을에서 만난 풍경이다. 염소를 팔러 나온 여인과 염소가 마치 대화를 나누는 듯 애틋한 모습이다. 애써 기르며 정이든 염소를 시장에 내놓으려니 마음이 아픈 모양이다. 왜 아니 그러겠는가. 메마른 사막, 풀을 찾아 수 십리 길을 몰고 다녔을 염소와 온갖 정이 다 들었을 테니 마치 자식을 보내는 어미의 심정이었을 것 같다. 아직도 이곳은 산과 들을 이리저리 헤매며 가

축의 양식을 구한다. 그야말로 진짜 유기농 풀만 먹이는 셈이다. 우리나라라면 이런 염소는 귀한 대접을 받으며 훨씬 더 비싼 값에 보양식으로 팔려나갔을 텐데.

티그리족이 다나킬의 소금광산에서 소금을 캐는 모습이다. 아직도 이들은 기계를 사용할 줄 모른다. 아니 기계가 없기 때문일 것이다. 끝없이 펼쳐진 소금 평원에서 온몸으로 부딪히며 그들은 지렛대와 곡괭이로 소금을 캐며 살아간다.

선진국은 4차 산업 혁명이 물밀듯이 몰려와 손가락 하나로 기계를 작동하며 일상생활을 하는 이 시대에 이들은 아직도 원시문명과 공존하며 살아가는 모습이다. 물론 머지않아 이곳에도 영악한 선진국 사람들이 상업적인 가치가 입증된다면 가차없이 기계를 싣고 들어와 이들의 일자리를 빼앗아 버릴 것이다. 아직 그 가치가 입증되지 않았는지 이들은 원시적 도구를 이용하여 그들 최고의 자산인 몸을 쓰며 살아가고 있는 모습이다.

마치 우리네 할아버지, 아버지가 살아내던 시절처럼….

지난 시절 우리의 할아버지 아버지의 모습이 그곳에 있었다. 다 익은 보리를 말끔히 베어낸 여름날, 밭고랑에서 누렁이와 함께 쟁기질하던 앞집, 옆집 아저씨들의 모습이 오버랩된다. 가족의 삶을 책임진 우리네 아버지들이 일손을 부지런히 놀리며 불렀던 노랫소리가 이곳 다나킬 사람들의 힘찬 곡괭이질에 실리는 듯하다.

2018년 2월 4일

다나킬의 티그리족, 그들의 샹그릴라로

에티오피아의 티그리족은 조상 대대로 다나킬 평원의 소금을 캐며 살아왔다. 11월 5일 에티오피아에서 네 번째 날, 지하 130여 도의 지하평원에 드넓게 형성된 소금 평원을 만났다. 원시적 하룻밤을 보내고 해가 뜨기 전 우리는 다시 카메라를 들고 그들의 삶으로 들어가 본다.

수십 마리의 낙타 무리를 몰고 새벽 출근길을 나선 그들의 뒤를 따라간다. 그들은 이틀 밤낮을 걸어 이곳으로 왔다고 한다. 지표면 아래에서 고온의 빗물과 홍해의 지하수가 화산 활동으로 인해 증발하면서 엄청난 두께의 소금 광산이 만들어졌다는 곳이다. 서울 면적의 두 배가 넘는 곳으로 115만 톤의 소금이 쌓여 있다. 카라반 행렬은 뜨거운 태양이 소금 대지를 덥히기 전, 더위를 피해 새벽길을 떠나 이곳으로 온다. 조금이라도 더위를 피하기 위함이다. 오늘 티그리족이 캐낸 소금은 그

카라반의 등에 실려질 것이다.

밤새 열기를 식혔던 하얀 소금 평원은 오전 10시도 되기 전에 태양의 잔혹한 마성에 녹아 들기 시작한다. 하늘에서 태양이 내리쬐기 시작하자 바닥의 소금 평원은 그 열을 받아 달아오른다. 끝없이 펼쳐진 하얀 지평선 위로 이글거리는 복사열을 내뿜기 시작하면 숨이 턱턱 막히는 사오십 도의 지열을 발산한다. 뜨거운 열기에 피부를 뚫고 솟아오르던 땀조차 말라 버리는 곳이다. 눈 부신 태양도, 눈부신 대지도 피해야 하는 우리의 눈길은 갈 곳을 잃고 방황할 수밖에 없다.

가도 가도 끝이 없어 보이는 이 뜨거운 대지에 서서 아득히 보이는 낙타행렬을 바라보며 문득 제임스 힐턴의 「잃어버린 지평선」을 잠깐 떠올렸다. 신비로운 지상 낙원 샹그릴라[5)]을 통해 인간이 꿈꾸는 진정한 자유와 무소유를 생생하게 그려내었다는 작품이다. 저 멀리 어딘가

에 이들 티그리족의 꿈꾸는 샹그릴라가 있었으면 좋겠다는 내 작은 열망의 소산이었으리라.

이 끝없는 지평선의 한 가운데가 그들의 살아가고 있는 삶의 터전이다. 소금 평원의 한 가운데로 들어선 그들은 주로 젊은 층들이 지렛대를 이용하여 커다란 소금 덩어리를 들어낸다. 들어낸 커다란 소금 덩어리는 사각형인 25㎝~30㎝인 가장 좋은 모양의 상품으로 만드는 것은 나이 드신 어른들의 몫이다.

이렇게 다듬어진 소금 덩어리는 두 장씩 끈으로 묶어 24장의 무게 약 120킬로를 묶어 낙타의 등으로 얹어진다. 티그리족이 이 척박한 땅에서 살아갈 수 있는 것은 이렇게 험한 과정을 겪으며 얻어진 소금을 내다 팔 수 있기 때문이다. 한때는 유럽에까지 팔려나갔다고 한다. 그들이 척박하고 무더운 소금 평원에서 살아남기 위한 처절한 몸부림이 가슴 한편을 아릿하게 한다.

더위가 사위어 드는 저녁 때, 소금을 실은 낙타행렬이 퇴근하는 모습이다. 광부들이 일정한 모양으로 만들어 놓은 소금을 낙타에 싣고 기나긴 카라반을 시작한다. 그들의 수확물을 팔기 위해 또다시 긴 여정을 시작하게 될 것이다. 그들이 떠나는 모습을 바라보며 티그리족의 고단한 삶의 여정을 생각해 본다.

저 멀리 지평선의 끝에 티그리족의 샹그릴라를 찾아 어느 날엔가 그들의 삶이 좀 더 평안해지기를 기원하며….

100년 전까지만 해도 소금(小金)이라 하여 작은 황금이라 불릴 정도로 귀하였다고 한다. 지금은 소금이 지천이니 모두가 그 귀함을 잊고 살아가고 있지만, 소금이 없다면 아마도 인류는 생존할 수조차 없음은 누구나 알 수 있는 일이다.

그들의 긴 행렬이 온 인류 생명의 원천을 싣고 카라반을 떠나고 있음을 알고 있을까(?), 그들의 행렬을 향해 셔터를 누른다.

2018년 2월 11일

달롤유황화산

달롤의 유황 화산, 일설에 의하면 지표면이 달과 닮았다고 해서 달롤이라고 했다는 설이 있다. 이 독특한 형형색색의 아름다운 지형은 아름답지만, 독이 숨겨져 있다고 한다. 드넓은 소금 평원을 지프로 30여 분을 달려 도착한 곳엔 야트막한 산이 막아서 있다.

차에서 내리자 매캐한 유황 냄새가 비위를 건드린다. 비위가 상한다고 해서 이머나먼 길을 달려 이곳까지 왔는데 포기할 수 없음은 당연한 일이다. 누군가는 걱정이 앞서는 모양이다. 나도 내심 염려되지 않은 것은 아니었지만 아무렇지도 않은 척 첫발을 내디딘다. 아직 열 시도 되지 않았는데 폭염이 기승을 부린다.

30여 분쯤 오르니 기이한 지형이 나타나기 시작하며 시야를 사로잡는다. 카메라 셔터를 연신 누르는 나를 향해 위에 올라가면 더 좋다며 재촉이다. 얼른 따라나섰다. 한 시간여쯤 올라간 그곳에 나타난 이 모습은 마치 천상세계에 들어선 느낌이

다. 천국이 있다면 이런 색이 아닐까 싶다. 무어라 말로 표현할 수 없는 이 광경, 우리의 고성능 카메라를 들이대어 보지만 아마도 그 오묘한 색감을 다 담아낼 수는 없을 듯하다.

달롤 유황화산 안에 산과 강, 그리고 바다 등 세계의 모든 지형물을 축소해 놓은 듯한 이 모습은 그 어떤 설계자도 감히 흉내 낼 수 없을 것이다. 오직 신만이 만들어 낼 수 있는 유일무이한 풍경이리라.

마치 산으로 둘러싸인 듯한 지형의 조그만 호수는 계속 물이 끓어오르면서 또다시 조그만 산과 강, 그리고 아름다운 형형색색의 유황 바위들을 만들어내고 있다.

호수가 끓어오르는 이유는 지표면 아래 거대한 마그마 강이 있기 때문이라고 한다. 이곳 달롤은 1926년에도 분화되었던 활화산이다. 해수면보다 130여 미터 아래 위치한 세계에서 가장 낮은 화산, 지각 운동으로 인해 낮아진 지반을 타고 홍해에서 흘러들어온 이 물에는 다량의 황산이 함유되어 있다. 아름답게 빛나는 꽃과 도넛 모양의 이 결정체는 유황성분이 만들어낸 작품이다. 화산활동으로 배출된 다양한 광물들이 홍해의 소금과 만나면서 독특한 지형

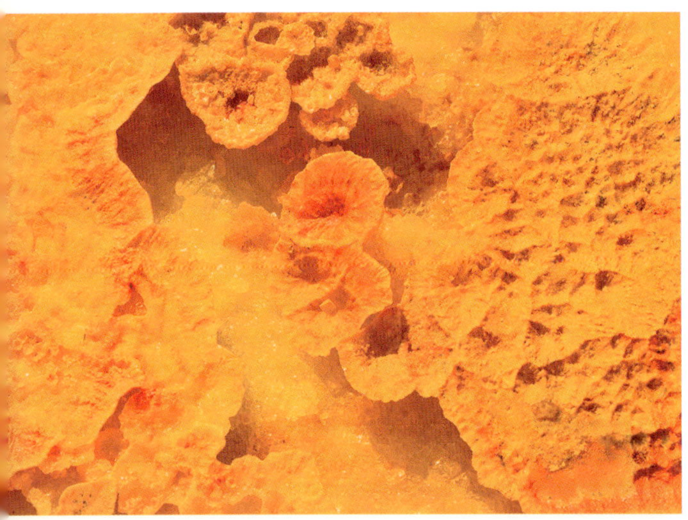

을 만들어낸 결과라고 한다.

이 아름다운 결정체에 매료되어 한참 동안 카메라 셔터를 눌러대던 일행 중 한 명이 어지럼증을 호소하며 쓰러졌다. 가장 활력이 넘치던 일행이라 깜짝 놀랄 수밖에.

이제 그만 찍고 내려가자는 인솔자의 재촉에도 자꾸만 뒤처진다. 한쪽 눈은 놀라운 결정체들에, 한쪽 눈은 푸석푸석 부서지는 통행로를 찾아 이리저리 굴린다. 형형색색의 결정체를 지나 내려오는 길에 들어서자 약간의 어지럼증과 구토증세가 나타나기 시작한다.

비단 나뿐만이 아니다. 위험을 무릅쓰고 호기롭게 나섰던 발길이 무색해지기 시작했다. 겨우 자동차가 있는 곳까지 내려왔지만 정신을 차릴 수가 없다. 무더위까지 몸을 덮치고 태양열에 달궈진 자동차는 에어컨을 최고조로 올려도 아무 소용이 없다.

겨우 몸을 추스르고 소금 기둥이 만들어낸 소금의 성에 도착했다.

마치 음식이 체한 사람처럼 몸이 무거운 대도 소금으로 만들어진 거대한 성처럼 보이는 저 조형물을 보는 순

간 자동차에 머무를 수가 없었다. 간신히 몸을 추스르고 카메라에 담은 모습이다. 수천 년 전의 고성처럼 보이는 저 거대한 조형물도 소금의 결정체라고 하니 자연의 위대함이 놀라울 따름이다.

촬영을 끝내고 차에 오르자 친절한 기사 아저씨가 시원한 물을 대령한다. 벌컥벌컥 들이마시고는 돌아오는 내내 자동차 안에서 비몽사몽 거리다 보니 어느새 캠프 앞이다. 시간이 좀 흘러서인지 유황 냄새로 인한 후유증은 말끔히 사라지고 말았다. 언제 그랬냐는 듯이 우리는 다시 달롤 유황 화산보다 더 험하다는 에르트알레 화산으로 떠날 준비에 마음이 설레기 시작한다.

이런 것이 여행자의 변덕스러운 특권이다. 사실 유황 화산에서는 다시는 그런 위험한 곳에 가지 않으리라 속으로 다짐했었다. 하지만 얼마 지나지 않아 까맣게 잊어버리고 다시금 새로운 곳으로 떠날 생각에 가슴이 두근거리니 이를 어찌하랴.

그래 위험을 감수하지 않는다면 이런 유의 세계의 희귀한 풍경을 어찌 만날 수 있단 말인가. 어쩔 수 없음이다. 내 호기심을 위한 도전일지니.

2018년 2월 11일

Ethiopia

6

에르트알레 화산으로

치명적인 아름다움을 뽐내는 달롤 유황 화산, 소금광산의 치열한 원시적 삶의 현장을 떠나 에티오피아 여행의 백미 에르트알레화산으로 향한다. 11월 6일 아침 7시이다.

커피의 나라

커피(coffee)라는 말의 뿌리는 에티오피아의 카파(caffa)라는 말에서 나왔다고 한다. 힘을 뜻하는 아랍어이기도 하고, 에티오피아의 커피나무가 야생하는 지명의 이름이라고도 한다.

커피가 인류의 사랑을 받게 된 것은 약 6~7세기경으로 추정되며, 그 기원에 관해서는 여러 가지 전설이 전해지고 있다. 그중 한 가지 기원에 관한 설은 에디오피아 고원 발견설과 오마의 발견설인데 에티오피아 발견설이 거의 정설로 받아들여지고 있다.

커피는 처음에 유목민족이 철마다 이동할 때 음식을 만드는 재료로 쓰였으며 그 후 술, 의약품을 거쳐 음료로 사용됐다고 한다. 아랍에서 처음으로 원두를 전한 사람은 다비니라는 학자로, 커피 열매를 의약용으로 쓰던 에티오피아에서 들여왔다고 한다. 그 후 이슬람교의 신비주의자들인 수피교도들이 긴 밤 기도 시간 동안 잠들

지 않게 하기 위한 약으로 널리 썼다고 한다. 우리가 마시는 커피와는 조금 달랐지만, 오늘날 커피 보급의 시초라고 할 수 있다.[6)]

우리나라의 커피 소비량도 연간 300t으로 아시아에서는 일본 다음으로 많다고 한다. 일 인당 커피 소비량이 연간 298잔이라고 하니 전 국민의 거의 매일 커피를 마시고 있다고 보아야 할 것이다.

에르트알레 화산을 향해 떠나는 길에는 커피의 종주국답게 이 사진처럼 커피 세레모니를 하며 커피를 파는 곳이 많다. 우리나라처럼 화려하고 멋있는 인테리어를 한 매장은 아니지만 진한 커피 향이 코를 자극하면 그냥 지나치기가 아쉽다. 비단 관광객뿐만이 아닌 현지인들도 이곳에 들러 진한 에스프레소 한잔으로 그들의 커피 사랑을 재삼 확인한다.

우리 일행도 이미 국내에서 커피 맛에 길든 탓에 그냥 지나치기가 서운하다. 위장장애와 수면장애 탓에 커피를 마시지 않는 나도 어김없이 그곳의 커피 향에 취하고 만다. 이 미소가 아름다운 여인의 커피 세리머니를 카메라에 담으며 향기로운 커피향기에 취해 본다. 아무렇게나 덧칠해진 빨강 색의 벽면, 끄트머리에 살며시 놓인 노란 탁자 포가 씌워진 조그만 탁자. 그녀의 머리띠마저 빨강과 노랑으로 연결되어 마치 그림처럼 보인다. 숯불에 천천히 데워진 물을 담은 투박한 사기 주전자로 커피에 물을 부으면 향긋하고 진한 커피 향이 코를 자극한다. 그 향기의 유혹을 견디다 못해 한 모금 얻어 마신 그날 밤, 하얗게 밤잠을 설쳤지만, 꿈속에서조

6) www.naver.com 참조

차 커피를 마시고 있었다.

아니 그날 밤 밤을 지새운 건 이 여인의 강렬한 눈매 때문인지도 모르겠다. 예쁘고 순한 모습의 위 여인과 달리 이 여인은 강렬한 카리스마로 우리를 압도했다. 그네들 간에도 서열이 있었는지 이 여인이 묘한 눈짓 하나로 세리머니의 주역은 바뀌고 만다.

30년도 훨씬 지난 일이다. 스물두 살 철없던 나이에 결혼한 친구 K는 남편의 폭력을 견디다 못해 집을 나와 버렸다. 그때나 지금이나 여성의 경력단절은 일자리를 찾을 수 없게 했다. 할 수 없이 그녀를 내가 아는 다방의 종업원으로 취직시켰다. 얼굴이 곱상했던 그녀는 곧잘 적응하였고 그때부터 그녀의 직업이 되었다. 몇 년 동안 그 분야에서 일하던 그녀는 임대였지만 자신이 업소도 갖게 되었다.

지금의 커피점과는 다른 모양이었던 다방은 그녀의 반반한 외모가 한몫했는지도 모르겠다. 그렇게 잘해나가던 그녀는 까닭 없이 실패의 쓴맛을 보고 만다. 어쩌면 요즘 회자되는 미투에 등장하는 이들처럼 주변인들의 잘못된 행동들을 모두 받아들이지 못했었는지도

세상살이에서 살아남기 위해 갖추어야 할 덕목 중에는 착하고 예쁜 것만으로는 모자란 경우가 많다는 것을 그녀는 알지 못했기 때문이었던 것 같다. 그 이후 그녀의 삶은 순탄하지 못해 오랫동안 고단한 삶을 살아야 했다.

모르겠다. 아니면 그녀가 경영자의 마인드를 갖지 못했을 수도 있고. 아니 그녀가 실패하고 만 것은 어쩌면 저 여인처럼 넘치는 카리스마가 모자란 탓이었는지도 모르겠다.

세상살이에서 살아남기 위해 갖추어야 할 덕목 중에는 착하고 예쁜 것만으로는 모자란 경우가 많다는 것을 그녀는 알지 못했기 때문이었던 것 같다. 그 이후 그녀의 삶은 순탄하지 못해 오랫동안 고단한 삶을 살아야 했다. 그러나 살아간다는 것이 꼭 화려하고 풍요해야 행복한 것은 아닌지도 모른다.

최근 그녀는 뒷바라지도 잘 해주지 못했던 착한 아들이 혼자 잘 자라 주어 요즘 신의 직장이라는 공기업 사원이 되었다고 한다. 지금은 그 아들과 함께 잘살고 있으니 착한 끝은 있다는 옛말이 맞는 것 같다는 생각이 든다. 가끔은 내 친구 K가 타 주던 그녀만의 다방 커피가 생각날 때가 있다. 그리움 탓일 게다.

그곳에서 맛을 들인 에디오피아의 커피 향기는 결국 귀국길 우리의 케리어에 가득 담겼다. 값싸고 신선한 커피의 향을 외면할 수 없는 우리 일행은 수십 봉의 커피로 여행 가방을 가득 채우고 말았다.

커피의 나라 에티오피아에 왔으니 어찌 그 향긋한 커피를 외면할 수 있으랴!

2018년 2월 15일

에르트알레 화산으로 간다

– 오히려 나만 멀쩡해

치명적인 아름다움을 뽐내는 달롤 유황 화산, 소금광산의 치열한 원시적 삶의 현장을 떠나 에티오피아 여행의 백미 에르트알레화산으로 향한다. 11월 6일 아침 7시이다.

트레킹을 위한 간단한 장비와 카메라만을 들고 다시 지프에 나누어 타고 베이스캠프인 도돔으로 향했다. 이 때까지만 해도 나는 장거리 걷기가 부담스러워

애초의 계획대로 에르트알레 화산 행을 포기하고 캠프에서 일행을 기다릴 예정이었다. 혼자 읽을 책까지 준비한 터였다.

황량하고 메마른 들과 황폐한 산등성이들을 넘어 조그만 마을, 에레티에 닿았다. 일행은 점심 식사를 위해 차를 세웠다. 제법 큰 룰호텔(우리의 휴게소[7]나 식당 같은 곳)로 들어갔다. 우선 시원한 물이 한 병씩 주어진다. 아마도 단번에 500리터는 마셔버렸던 것 같다. 그 시원함이 깊이는 내 생애 첫 경험이었을 것이다.

옛 선비가 우물가에서 어여쁜 처자가 띄워준 연초록 나뭇잎을 후후 불며 마셨을 물맛이 그랬을까? 아마 그날 물병에 나뭇잎을 띄웠더라면 사달이 나고 말았을지도 모른다.

식사를 끝내고 나온 후 마을에서 찍은 사진이다. 아름다운 풍경이란 꼭 푸르른 나무와

7) 우리나라처럼 근사하게 생긴 곳은 절대 아니다. 다른 곳 보다 좀 높고 크게 하늘을 가린 그런 곳. 그것만으로도 충분히 시원했다

꽃이 있을 필요는 없다. 거친 마당에서 뛰어노는 두 아이의 모습에서 내 어릴 적 모습이 보인다. 모두가 들에 나간 텅 빈 집에서 어린 동생과 둘이서 해거름이 내려앉을 때까지 놀던 내 모습을 그려보며 셔터를 눌렀다. 뜨거운 태양을 피해 흙집 모서리 그늘진 곳, 아기 염소와 어미 염소의 다정함이 가슴에 와 닿았다. 이런 낯선 듯, 눈에 익은 듯한 풍경이 아름다운 것은 아마도 내 가슴을 울렸기 때문이리라.

자동차는 다시 도돔의 캠프를 향해 떠난다. 다시 고민이 시작된다. 당 초에는 일행인 K언니와 남자 한 분이 캠프에서 대기하기로 예정되어 있어서 과감히 따라나선 여행이었다. 하긴 모든 것이 예정대로만 된다면 어려울 일이 무엇이랴. 남자분은 아예 개인 사정으로 서울에서부터 빠져버렸다. 그 황량하고 거친 길을 달리며 일행인 K언니는 아무래도 여기까지 와서 포기하기엔 아깝다며 같이 가자고 부추긴다. 나는 다음 일정을 장담할 수 없다며 한사코 거절했다. 어쩔 수 없이 혼자 있어야 될 것 같긴 해도 네다섯 시간 이상 걸린다는 트레킹이 자신이 없었기 때문이다. 일행인 K언니와 S언니가 자꾸만 놀림 반 부추김 반으로 펌프질을 해댔지만 꿈쩍하지 말자 다짐하고 또 다짐했다.

자동차가 포장길을 벗어나 회색빛 모래와 검은 돌덩이가 지천인 길로 들어섰다. 자동차는 이리저리 요동치며 온몸을 들썩이게 한다. 아마도 이곳이 다카르렐리의 현장이었다면 이보다 더 험한 코스는 없었으리라. 다카르렐리의 선수가 된 기분으로 창밖을 쳐다본다. 심한 흙먼지 때문에 40여 도를 오르내리는 더위에도 차창을 내리는 것은 꿈도 못 꾼다. 폭염과 함께 회오리바람이 몰아치기도 한다. 뉴스에서만

보았던 미국의 토네이도가 떠올랐다. 회오리바람의 한 가운데에 갇힌 저들을 카메라에 담으며 마치 모세가 그의 백성을 이끌고 이집트 땅을 떠난 길에 만났을 고난을 연상케 하였다.

아무리 기를 쓰고 자동차 엑셀을 밟아도 평균 시속 20여 킬로, 차라리 걸어가는 게 빠른 곳이다. 그러나 이 험한 곳을 걸어가다가는 아마도 십리는 고사하고 1킬로도 못 가서 발병이 나도 아주 크게 나고 말 것이다. 그 험한 다카르 랠리 중에도 두 언니는 올라가자며 농담 반 진담 반 바보라는 소리까지 나온다. 그래도 나는 꿈쩍도 하지 않았다. K언니는 “네가 가야 나도 갈 수 있을 것 같애.” 라며 급기야 물귀신 작전까지 동원한다.

드디어 도돔 캠프에 도착했다. 장장 10시간의 긴 여정이었다. 캠프에 도착한 내 눈 앞에 펼쳐진 광경이다. 물론 화장실 따위는 존재하지도 않았다. 사람이 보이지 않은 곳을 찾아 서로가 망을 보아가며 해결하는 그런 곳, 물론 그런 곳이 이곳만은 아니다. 문제는 이곳이 그날 밤 내가 혼자 남겨져서 하룻밤을 보내야 하는 곳이라는 점이다.

말도 통하지 않는 시커멓고 험한 사내들이 대부분인 곳, 물론 아디스아바바에서부터 우리 일행을 위해 따라온 쿠커인 여자 두 분과 함께하긴 하지만. 침구? 그건 슬립핑 백 하나가 전부이다. 샤워, 꿈같은 얘기이다. 이 모습을 보는 순간 내 굳은 의지는 아이들 놀이의 비눗방울보다 더 빨리 터져 버렸다.

“와우, 이럴 수가 나 그냥 올라갈 거예요!” 이 한마디에 일행은 모두 파안대소하

고 만다. 그들이 내 마음을 충분히 이해하고도 남음은 말해 무엇하랴.

다행히 발목이 부실한 내가 등산화를 신고 있었던 것은 신이 도운 탓이다. 지인이 선뜻 빌려준 등산스틱은 그녀의 배려와 사랑까지 얹어져 내게 큰 힘이 되었다.

그런데 이게 웬일인가? 나는 생각보다 잘 걸었다. 심지어 선두까지 꿰찼다. 스스로 대견하다며 에르트알레 화산 정상을 향해 힘 있는 발걸음을 재촉하기까지 했다.

일행들은 못 간다고 버티더니 잘만 걷는다며 칭찬 일색이다. 그 칭찬에 힘이 더 솟는다. 칭찬은 고래도 춤춘다고 하지 않았던가. 내 발이 춤을 춘다. 점점 더 자신감이 붙었다. 가슴이 벅차올랐다. 이제 무엇이든 할 수 있을 것 같았다. 암벽이면 어떠랴 싶었다.

오후 5시 45분에 출발한 산행은 날이 어두워지기 시작하자 산 정상에 붉은 화염이 치솟아 오르는 모습이 보이기 시작한다. 메케한 유황 냄새가 코를 자극한다. 때마침 갓 보름을 넘긴 달빛이 우리의 머리부터 발끝까지 쏟아진다. 대낮의 더위를 피해 야간 산행을 택한 우리에게 주는 선물이다.

쏟아져 내리는 별들의 향연, 어린 시절 마당의 평상에 누워 헤아리던 별들, 찬란히 빛나던 은하수가 떠올랐다. 이 얼마 만에 보는 별들의 축제인가. 마당의 멍석에 누워 일어날 줄을 모르는 우리에게 어서 들어와 자라던 엄마의 목소리가 들리는 듯하여 콧마루가 찡하다.

멀지 않은 곳에 정상이 있는지 붉은 화염이 점점 더 가까이에서 솟아오른다. 화염은 한 곳만 있는 게 아닌 모양이다. 이곳저곳 꽤 광범위한 곳에서 솟아올라 달빛과 별빛을 시샘한다. 가이드가 정상이 곧 눈앞에 있음을 알린다. 정상의 붉은 불빛이 어둠을 더 느끼게 해서인지 거리를 가늠할 수 없다.

10여 분 후 8시 20분경 우리는 에르트알레 화산의 정상에 도착했다. K언니가 힘들다며 땅바닥에 벌렁 드러눕고 만다. 덩달아 짐을 내리려는 낙타도 다리를 꺾고 내려앉았다.

나만 멀쩡한 것 같다. 가슴이 터질 듯이 벅차다. 내가 해내다니. 그곳에 가지 않았다면 큰일 날 뻔했다. 내가 나를 모를 뻔하지 않았던가.

힘들어 하는 K언니 모르게 내 머리를 슬쩍 쓰다듬었다.

2018년 2월 17일

미친 열정

- 에르트알레 화산

미친 짓이었는지도 모른다. 끓어오르는 분화구가 한 발자국 아래인데 그 뜨거운 열기와 유황 냄새를 맡아가며 거기에 서 있었다.

에르타알레 화산 정상이다. 섭씨 1,200도의 용암이 끓어오르고 있는 곳, 세계에서 가장 오래된 용암 호수이다. 때로는 용암이 분화구 밖으로 흘러넘쳐 광활한 땅과 기괴한 형상의 바위 군상을 만들어내기도 했다. 제주도의 바위처럼, 파도 무늬를 한 까만색의 바위 군상이 지천이다. 120만 년 동안 시뻘건 용암이 끓고 있는 곳, 에르타알레는 아파르족의 말로 연기 나는 산이란 뜻이라고 한다.

벌겋게 끓어오르는 화산이 눈앞에 펼쳐지자 나는 그만 황홀경에 빠지고 말았다. 후끈거리는 온도와 메케한 유황 냄새가 속을 메스껍게 하고 약간의 어지럼증을 느끼기도 한다. 하지만 세상에 태어나 처음으로 맞이한 웅장한 용암 호수의 모습은 어느새 내 가벼운 증상들을 말끔히 날려 버린다.

푸석푸석 부서지는 바위를 가이드가 툭툭 치고 지나가면 우리가 그 바위를 밟고 지나간다. 마치 모세의 지팡이처럼 대단한 위력을 가진 그 나이 어린 가이드에게 우리의 생살여탈권이 주어져 버린 순간이다.

분화구 앞 광장을 가득 메운 관광객은 기백 명은 족히 되어 보였다. 화산이 웅장하게 끓는 소리를 낼 때마다 관광객들은 환호성을 지른다.

활활 타오르는 화산 불빛에 생기를 잃은 달빛과 별빛마저 간신히 가녀린 빛을 내고 있다. 오직 헤드 랜턴과 가이드의 지팡이만이 우리의 안전을 책임지고 있는 셈이다.

처음에는 푸석푸석한 바위를 떨리는 마음으로 밟으며 앞으로 나아갔다. 분화구가 가까워질수록 위험에 대한 생각은 멀리 달아나 버리고 말았는지 점점 행보가 빨라진다. 200여 미터를 나아가자 분화구가 눈앞이다. 불과 삼사 미터 지척의 분화구에서는 뜨거운 열기와 불기둥이 솟아오른다. 내 발걸음이 조금씩 앞으로 나아간다. 1m 앞의 분화구에서 솟아오르는 불기둥이 타오르는 소리는 점점 더 나를 매료시켰다.

나도 모르게 한 발 두 발 앞서 나가자 우리의 안전을 책임진 가이드(경찰)가 내 등 뒤에서 옷을 잡는다. 순간 소름 돋는 긴장감이 엄습해 왔다. 등 뒤에서 일행이 그만 가라며 아우성이다. '쟤 죽고 싶은가 보다.'며 진담 반 농담 반인 꾸지람이다. 그제서야 정신을 차리니 분화구가 코앞이다. 가이드가 내 옷을 끌어당기고서야 못 이기는 척 뒤로 물러났다.

선진국 같으면 어림도 없는 얘기이다. 아마도 200여 미터 전부터 안전을 이유로 휀스를 쳐 놓고 겨우 망원경으로나 보게 했을 것이다. 이곳도 머지않아 그렇게 될 것 같긴 하다.

이 광경을 바라보며 사진 찍기 따위가 무슨 소용이랴는 생각이 들었다. 보는 것만으로도 천상세계에 온 듯한 것을.

아파르족은 이곳을 악마의 문이라고 말한다고 한다. 악마의 문이라고 하기엔 너무 아름다운 이 광경을 보지 못했다면 난 아마 평생 후회할 뻔했다. 또다시 그 위험을 무릅쓰고서라도 다시 보고 싶은 광경이다.

우리가 그 기상천외한 광경에 넋을 놓고 환호하는 사이 관광객들은 어느새 그 자리를 비우고 없었다. 우리 일행만이 덩그러니 그곳에 남겨져 있었다. 그들이 소리를 내며 빠져나갔는지, 소리 없이 빠져나갔는지조차 우리는 전혀 의식하지 못하였다. 분화구에서 솟아오르는 시뻘건 불덩어리의 향연에 넋을 놓고 있었던 모양이다.

아파르족의 '악마의 문'을 보며 아마도 우리는 천국의 문을 연상하고 있었는지도 모르겠다. 텅 빈 분화구 앞 광장을 보고 나자 갑자기 두려움이 엄습해 왔다. 서둘러 카메라 가방을 챙

겨 둘러메고, 등산스틱과 트라이포트를 챙겨 짚고 분화구 앞을 나섰다. 분화구를 등지자 다시 어둠이 깔려버린 구멍이 숭숭 뚫린 바위틈에서는 메케한 연기가 여기저기 솟아오른다. 마치 달 표면이나 화성을 걷는 듯한 느낌이 이런 것일까? 가이드의 지팡이가 숭숭 뚫린 바위를 다시 툭 툭 치며 우리를 인도한다. 일행은 우주인이 된 것 같다며 아이들처럼 좋아한다.

이런 광경을 제일 보고 싶어 하는 사람들은 일본 사람들이라고 한다. 맛있는 음식도 먹어본 사람이 찾는다고 활화산이 많은 곳에서 사는 사람들이라 그런 모양이다. 어느 일본인 여성 관광객은 올라오다 다쳤다며 다리에 나무로 부목을 대고 현지 가이드의 등에 업혀 그곳을 찾은 이도 있었다. 얼마나 보고 싶었으면 피를 흘리며 그곳에 왔을까 싶으니 미친 사람은 나만이 아닌 것 같은 생각이 든다.

그 위험하고 황홀한 놀이가 끝났을 때 시간은 이미 자정을 넘기고 있었다. 바로 지척인 언덕 밑에서 그 메케한 냄새와 용암이 끓어오르는 소리를 들으며 우리는 잠을 청한다. 물론 돌을 쌓아 올린 움막집이다. 우리는

다시 원시인이 되었다.

세 명의 용감한 여전사는 차라리 야외 취침을 결정했다. 별빛이 쏟아지는 하늘을 지붕 삼은 낙타와의 동침이다. 피곤이 엄습해와 눈꺼풀이 천근이다. 잠을 청할 양으로 세 여자는 머리맡에 우리의 포터였던 낙타를 보초로 세우고 잠자리에 들었다. 낙타의 보초 서기가 시원찮았는지 들쥐가 잠자리 발밑에서 줄행랑을 친다. 낙타는 꺼억 하고 트림을 한다. 그리고 다시 되새김질한다. 낙타가 되새김질한다는 것을 그때야 기억해냈다. 그 소리가 자꾸만 신경에 거슬렸는지 이리 돌아눕고 저리 돌아눕기를 수차례, 어느새 자장가가 되었다. 꿈인 듯 아닌 듯 화산의 불구덩이 속으로 떨어지는 내 모습에 눈을 질끈 감아버린다. 그 위험한 용암 호수 앞에 서 있는 나의 무모한 용기가 한편 대견하고 한편 어이없어 그런 꿈을 꾸었는지도 모른다. 가만히 생각해보니 겁도 없이 서 있었던 그 앞의 내 모습에 모골이 송연하다.

우리는 그렇게 그 밤을 찬란하게 보내고 새벽 4시 35분. 에티오피아 여행의 백미인 에르트알레 화산의 용암 호수와 이별을 고했다.

아아! 이곳에 오지 않았다면, 이곳을 다녀온 동료들의 애드벌룬처럼 부풀려진 후일담을 들으며 얼마나 약이 올랐을까.

그날 나의 미친 열정에 찬사를 보낸다.

2018년 2월 17일

소금 알갱이들의 외침

삶의 질이란 일상생활에서 개인이 정신적, 신체적, 경제적, 사회적 상태로부터 느끼는 행복한 정도라고 정의하고 있다. 자신의 삶에 대한 객관적인 정도뿐만 아니라 주관적인 인식과 평가에 의한 만족의 정도이다.

사진은 에티오피아의 티그리족, 지표면에서 120여 도나 내려간 지하평원에 드넓게 형성된 소금 평원에서 소금을 캐며 살아가는 사람들의 모습이다. 아직은 문명의 이기가 침범하지 못한 곳, 그네들의 삶의 현장이다. 40여 도를 오르내리는 뜨거운 땅, 하늘에서 내리쬐는 태양열과 지표면에서 반사되는 뜨거운 열기를 온몸으로 받으며 그들은 이 척박한 평원에서 살아간다.

그들의 삶을 바라보며 삶의 질이 무엇인지에 대한 생각이 꼬리를 물기 시작했다. 삶의 질의 정의에서 보듯이 사람들의 객관적인 정도와 주관적인 인식으로 접근한 만족의 정도라고 하는데 과연 이들의 삶이 질은 어떨까?

그네들의 삶을 바라보며 그들의 행복지수는 얼마나 될까를 생각하게 된다. 하긴 경제적 수준이 높다고 해서 행복지수가 높은 것은 아니다. 2017년 기준 미국은 14위이고 우리나라는 56위라고 하니 경제적 수준과 반드시 정비례한다고 볼 수 없다. 아무리 그렇다고 하더라도 눈앞에 보이는 그네들의 현실을 바라보면서는 생각이 많아질 수밖에 없다.

수백만 원을 들여가며 오지 관광을 갈 때마다 그네들의 순수한 삶의 현장, 오륙십 년 전의 우리네 모습을 보는 듯한 향수에 젖으며 셔터를 누르고 있는 나. 이런 나는 그네들의 삶을 바라보며 그들을 위해 무엇도 할 수 없다는, 하고 있지 않다는 자괴감이 생기기도 한다. 물론 그런 감정조차도 그때뿐. 그곳을 떠나면 말끔히 잊어버리는 우를 범하며 살아가고 있음은 두말할 나위 없다. 때로는 우리의 옛말에 '가난은 나랏님도 못 구한다'는 말로 자신을 위로하며 에둘러 잊어버리기 일쑤이다.

얼마 전 신문의 표제가 눈에 들어왔다. 「지구촌 문제 해결기업이 성공」이라는 표제이다. 글로벌 지속 가능한 포럼에서 안토니우스 구테흐스 유엔 사무총장은 '앞으로 투자자들도 재무적 부문이 아닌 사회적 가치를 보고 투자하는 시대가 올 것'이라고 강조했다. SK그룹의 최태원 회장은 '사회적 가치를 기업 경영에 반영해 사회문제 해결에 나서는 것이 기업의 사업기회와 지구촌 문제해결에서 윈윈하는 대안이 될 수 있다.'라고 말해 전 세계 지도자들의 박수갈채를 받았다. '사회적 가치를 만드는 게 곧 유엔이 지속 가능한 개발목표를 달성하는 것'이라고 강조했다.

1970년대 최 회장의 선친인 최종현 선경그룹 회장은 장학퀴즈라는 프로그램을

통해 전국의 똑똑한 학생들을 선발하여 장학금을 지원했다. 정확히 기억나지는 않지만 월별, 기별, 년 말 등의 결선을 통해 선발된 퀴즈왕들에게는 특별한 장학금이 주어졌다. 그 시대에는 무척 어려웠던 해외 유학의 특전까지 제공되었던 것으로 알고 있다.

대학 진학률이 15~20% 내외로 낮았던 시기이니 이 퀴즈로 대학 진학과 해외 유학의 특전을 받을 수 있는 꿈의 프로그램이었던 셈이다. 경제 사정이 어려웠던 그 시절, 형편이 어려운 학생들에게 기회를 주고, 젊은이들에게 희망을 품게 했던 프로그램이다.

그 프로그램을 놓치지 않고 시청하면서 가슴 설레던 기억은 아직도 전율케 한다. 그 프로그램을 시청하는 동안 출연자들과 같이 정답을 맞히면서 나 자신이 실력을 가늠해 보기도 했었던 것 같다. 분야별 교과목과 음악, 미술은 물론 그 시대의 시사 문제까지 광범위한 이론과 상식을 두루 겸비해야 했다. 학생들에게 다양한 분야에 관심을 끌게 하는 역할까지 제시했던 것으로 기억된다.

어느 날 K선생님 댁에서 프로그램을 시청하면서 문제를 맞히는 것을 보신 선생님이 출연해 보라며 권해서 깜짝 놀랐던 기억은 아직도 은근한 자긍심으로 남아있다. 사실 어쩌다 그날 내가 아는 문제가 많이 나왔을 뿐, 출연할 수 있을 정도의 실력이 있었던 것은 아니다.

그렇게 한 기업의 선제적 투자가 한 국가의 미래가치를 향상시킬 수 있는 큰 힘이 있다는 것을 지금의 최 회장은 아버지를 통해 배웠을 것이라는 생각이다. 그 프로그램이 주었던 영향력과 특전에 대한 나의 기대가 그만큼 컸었기 때문일 것이다.

신문의 내용을 보면서 나는 가슴이 뛰기 시작했다. 그래 이것이다. 에티오피아의 다나킬, 그 척박한 환경에서 살아가는 사람들이 삶의 질을 향상하는데, 도움을 줄 수 있는 대안, 바로 사회적 가치투자가 해결방안이 될 것이다. 물론 기업 또는 기업가의 최대 목표가 이윤추구에 있음을 모르지 않는다. 최 회장이 선친의 뜻에 버금가는 역할을 하고자 방향을 잡는다면 그 또한 불가능하지 않을 것 같음은 선대 최 회장에 대한 나의 신뢰가 크게 작용하고 있기 때문이다.

이 기사를 보며 전 세계의 모든 정상과 기업가들에게 이 말이 하고 싶어졌다.

그대들은 아무런 편견 없이 세계의 모든 인종을 불문하고 고용하라. 기업 또는 개인의 이익 중 일부만이라도 인류의 평등과 삶의 질 향상을 위해서 쓰도록 하라. 다가올 미래에도 AI는 인간이 불가능한 영역만을 사용하라. 그리고 온 세상을 공평케 하라. 전 세계 개인 재산의 45%를 차지하고 있는 상위 1%의 부자들[8]이여 그대들도 나서라, 지구촌의 빈곤 문제해결을 위해, 삶의 질 향상을 위해.

이곳 에티오피아의 다나킬의 소금광산에서 살아가야만 하는 저들과 사, 오십여 도를 오르내리는 열사의 땅, 수백 년 동안 고온에서 알알이 뭉쳐지고 다져진 소금 알갱이들이 온 힘을 다하여 외친다.

2018년 2월 11일

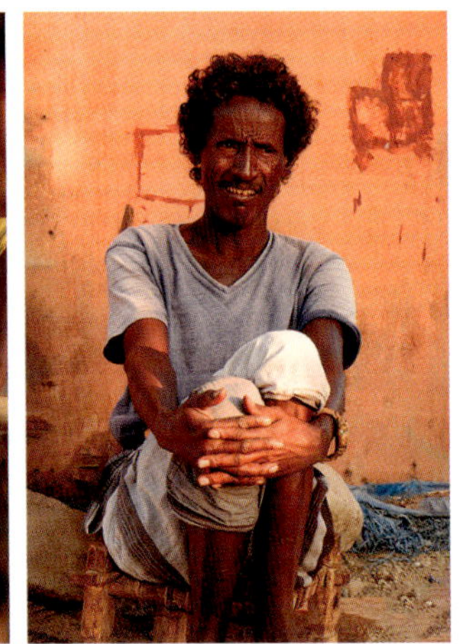

8) www.naver.com 참조.

방앗간 풍경

11월 9일 게랄타를 떠나 고대 왕국의 도시 악숨으로 가는 길이다.

여느 시골 풍경처럼 한 가족이 가축을 몰고 간다. 이 나라에도 가축은 이곳 사람들에게 훌륭한 이동 수단이자 큰 재산이다. 아마도 가축의 등에 얹어진 마대 자루로 보아 방앗간으로 가거나 시장으로 팔려 나가는 모습인 것 같다.

어릴 적 외양간에서 기르던 소와 송아지를 몰고 풀을 먹이러 들로 나가던 내 모습을 잠깐 생각하며 셔터를 눌렀다.

아니나 다를까 많은 여인들이 방앗간 앞에

이른 아침부터 줄을 서서 기다리고 있다. 마대 자루 위에 서 있기도 하고 앉아 있기도 하며 차례를 기다린다. 아마도 새벽부터 가축의 등에 싣고 온 곡식들을 찧어 갈 모양이다. 그네들은 낯선 우리를 보며 의아해하거나 경계하는 모습이다. 사진을 찍으려면 우선 그네들의 경계심을 풀어야 하니 웃으며 다가가 본다. 어떤 이는 더욱 경계심을 나타내기도 하지만 자기들을 찍은 모습을 보여주자 처음 보는 커다란 카메라가 신기한지 만져보기도 하며 다가서는 이들도 있다.

방앗간의 문에 기대어 우리를 쳐다보는 이 여인은 마치 60년대 서부 영화에서 본 듯한 여배우처럼 강렬한 인상을 느끼게 한다. 다른 여인들은 모두 무심한 듯 무표정한 얼굴이었지만 이 여인의 눈빛은 마치 어느 총잡이의 아내인 양 강렬한 눈빛이어서 카메라를 든 내 손을 멈칫하게 했다.

나이를 가늠할 수 없는 이 여인들은 마치 모델처럼 자연스러운 표정으로 내 카메라에 들어왔다. 강렬한 카리스마와 부드러운 눈빛의 이 여인들을 나는 이른 새벽 방앗간 앞에서 만났다. 처음에는 사진 찍기를 거부하였지만 찍힌 사진을 보여주자 자신의 얼굴에 만족한지 예쁜 웃음을 웃어 보인다. 예쁘다고 말해주자 정말 좋은지 활짝 웃어 보이며 다시 찍어 달라는 표정이다. 동서양을 막론하고 예쁘다는 말에는 너나없이 좋아하게 마련인 모양이다.

방앗간 앞에 있는 여인들의 차림새는 대부분 허름했지만, 한 여인이 유독 치장한 모습이다. 부잣집 아녀자인지 양산을 들어주는 이도 있는 모양으로 보아 하녀까지

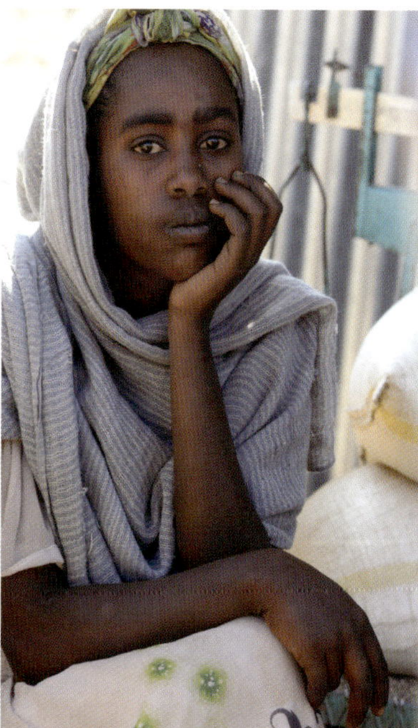

대동한 모양이다. 정성 들여 땋아 내린 독특한 머리 모양새가 눈에 들어왔다. 자신의 아름다움을 뽐내고 싶었는지 내 카메라를 피하지 않았다.

언젠가 기회가 있다면 그들에게 이 사진을 전해줄 수 있으면 좋으련만, 아직은 그곳으로 사진을 보낼 수 있는 여건이 마땅치 않은 것 같아 아쉽다.

내가 태어난 곳인 제주의 우리집에도 앞집에 방앗간이 있었다. 초등학교 때이니 아마도 우리나라의 경제 사정도 이들이 사는 이곳 에티오피아나 다름없을 때이다. 지금 이곳의 방앗간보다는 좀더 나은 모습이었던 것 같다. 인근에서 제일 현대화된 방앗간이었는지 다른 마을 사람들도 방아 찌러 오기도 했던 것으로 기억된다.

불과 50여 년 전의 일이다. 밭일을 할 수 없는 비 오는 날이면 방앗간에는 사람들로 넘쳐났었다. 이곳의 방앗간도 아마 그런저런 이유로 인근 마을 주민들이 모두 모여든 모양이다. 삼삼오오 짝을 지어 수다를 늘어놓기도 하고, 소녀들이 깔깔대고 웃는 모습, 아이들이 뛰어노는 모습마저 옛 우리집 앞 그 방앗간과 다를 바 없어 보인다.

어린 시절, 몇 살인지 기억나지 않은 어느 날 오후였다. 쪽마루에 걸터앉아 앞집 H가 지나가길 기다리고 있었다. H는 우리 골목 안의 유일한 동갑내기 사내아이였지만 나와는 남녀를 구분해 본 적 없는 친구이다.

기다림에 조금 지쳐갈 즈음이다. 앞집 방앗간 초가지붕을 뚫고 불기둥이 솟아올랐다. 삽시간에 방앗간에 있던 사람들과 동네 사람들이 뛰어나와 방앗간 뒤편의 물통에서 물을 퍼 담아 올려 지붕을 향해 쏟아 올리기 시작했다. 물이 모자랐는지 일단의 사람들은 우리집 수돗가로 달려왔다. 손에 잡히는 그릇은 모두 집어 들고 물을 길어 나르고 던지고 야단법석을 떠는 모습에 어안이 벙벙했다. 앞집 H도 덩달아 뛰어나왔다. 한참 동안 야단법석을 피우고 나서 불길이 잡히자 어른들은 모두 땅바닥에 털버덕 주저앉았다.

하마터면 우리집도 H네 집도 불타버릴 뻔한 위급한 상황이었다. 철없던 우리만이 두려움 반 호기심 반인 눈으로 영화의 한 장면 같은 그 날의 불놀이에 빠져 있었다.

그 후 한참 동안 그 일은 한껏 부풀려져서 H와 나의 무용담이 되었다. 멀뚱멀뚱 쳐다보기만 하던 우리는 어느새 불길 속에 불을 끄려 애쓰던 어린 전사들이 되어 동네 아이들에게 퍼져나갔다. 어른들의 마음은 콩알처럼 쪼그라들었을 터이지만, 우리들의 마음은 신나는 한 판 불놀이 취해 있었던 것 같다. 이제는 사라져 버린 우리네 방앗간에서 볼 수 있었던 모습들이 그네들의 모습에서 다시 되살아나왔다.

그네들과 시선을 맞추고 사진을 촬영하면서 이제는 모두 기계화되어 버려 우리나라에서는 다시 볼 수 없는 이 풍경이 내 향수를 자극한다.

쌀이 귀했던 제주에서 산듸[9] 찧는 날 동네 조무래기들과 방앗간으로 들어가 몰래 집어 먹던 생쌀의 달콤한 맛이 생각나 입안에 침이 가득 고인다. 방앗간 뜰에서 뛰어노는 저 아이들도 반세기 후에 오늘 나와 같은 생각을 하며 어느 방앗간 풍경을 보고 있을까.

2018년 2월 25일

---

9) 밭벼의 제주도 사투리

Ethiopia

7

시바 여왕의 나라

악숨에 있는 오벨리스크(에티오피아에서는 '스텔레'라고 한다.), 이들은 이를 아프리카 자주성의 상징이라고 여기고 있다.

오벨리스크는 1,700년 전에 만들어진 것으로 1937년, 이탈리아의 무솔리니에 의해 강탈당했다.

무솔리니가 가져갈 때 세 동강으로 토막 내어 가져갔고 로마의 콜로세움 근처에 세워져 있다가, 2005년 4월 19일 문화재 반환 운동 때문에 67년 만에 에티오피아로 돌아왔다. 아직도 토막 났던 흔적이 남아있어 아쉬움을 더했다.

시바의 여왕의 나라

11월 9일 12시 20분경 다나킬과 게랄타를 거쳐 악숨으로 돌아왔다. 3,000년의 역사를 자랑한다는 시바 여왕의 나라, 악숨 그 영광을 품은 도시이다.

악숨왕조는 셀라시에 황제가 군사 쿠데타로 폐위된 1974년까지 무려 3000년간 225대에 걸쳐 이어져 내려왔다. 악숨은 세계자연유산에 등재된 도시로 6세기 악숨 왕국의 수도였으며 에티오피아 최초의 수도이기도 하다.

악숨 제국은 한때 로마, 한나라, 페르시아와 함께 세계 4대 제국으로 불릴 만큼 강대국이었다고 한다. 금과 상아, 철광석을 생산해 아프리카 전역과 로마, 터키와 중앙아시아까지 세력을 확장했다. 4세기에는 기독교를 국교화했고, 5세기에는 수도원 제도를 마련했다. 10세기 이후 큰 가뭄으로 쇠망하기까지 화폐, 건축물, 문자 등 악숨 제국은 그들만의 위대하고 고유한 문화를 탄생시켰다.

고대 악숨 왕국의 탄생설화이다.

먼 옛날, 시바의 왕국에 한 여왕이 있었다. 그녀는 이스라엘 솔로몬왕의 명성을 전해 듣고 그를 시험하기 위해 예루살렘으로 향했다. 향료와 금, 보석을 가득 싣고 간 여왕은 왕에게 자신이 궁금한 것을 질문했고 솔로몬왕은 지혜로운 답변을 주었다.

시바의 여왕은 왕의 지혜에 감탄해 가져간 보물을 선물하고 왕과의 하룻밤으로 아들 메넬리크를 낳아 에티오피아로 돌아왔다. 22세가 된 메넬리크는 예루살렘으로 아버지를 찾아갔다. 아버지의 환대를 받고 3년간 예루살렘에 머문 메넬리크에게 솔로몬은 왕위를 물려주고자 했지만 메넬리크는 고향으로 돌아와 악숨에 수도를 정하고 악숨 제국을 세웠다.

솔로몬 왕은 아들을 위해 모세가 시나이 산에서 하느님께 받은 십계명을 새긴 돌판을 보관한 언약궤인 성궤를 아들에게 주며 아들을 성원해 주었다고 한다. 이렇게 탄생한 악숨 왕국의 후예인 에티오피아인들은 자신들이 솔로몬왕의 지혜와 시바 여왕의 미모를 물려받은 민족임을 의심치 않는다.

그때 메넬리크가 아버지 솔로몬 왕에게서 받은 성궤인 언약궤는 악숨의 '시온성 메리 교회(St. Mary of Zion Church)'의 지성소에 지금도 보관되어 있다고 한다. 하지만 신성한 혈통을 이어받은 수도사(신부) 한 사람만이 관리하고 대중에게는 공개되지 않았으니, 거기에 정말 언약궤가 있는지 누구도 확인할 길은 없다. 만약 그곳의 수도사가 성궤에 대하여 발설하면 신의 저주로 죽게 되기 때문에 누구도 발설하지 않으니 아마도 사실 여부는 영원히 미궁 속에 남아있게

오벨리스크

될 것이라고 한다.

에티오피아인들은 에티오피아 곳곳에 '타 보트(Tobot)'라 불리는 언약궤의 모형을 만들어 교회마다 상징적으로 보관하고 주요한 종교적 행사 때만 일반에게 공개한다. 3,000년의 역사를 자랑한다는 악숨 왕국의 성궤에 관한 이야기는 왕국의 후예인 에티오피아인들의 가장 큰 자긍심으로 남아있다.

4세기에서 6세기경 이슬람교와 그리스도교 사이 종교적 갈등의 역사 속에 세워졌던 시온성 메리 교회는 1965년 셀라시에 1세에 의해 옛 교회 근처에 새롭게 건축됐다.

악숨에 있는 오벨리스크(에티오피아에서는 '스텔레'라고 한다.), 이들은 이를 아프리카 자주성의 상징이라고 여기고 있다.

기원전 1,000년부터 10세기까지 만들어진 악숨의 오벨리스크 군은 악숨 제국의 대표적인 창조물로 거대한 돌로 만들어진 기념비이다. 그 크기로 왕의 힘을 나타낸다. 오벨리스크의 지하에는 왕의 무덤이 있는데 무게 533t, 높이 33m의 세계에서 가장 큰 오벨리스크 중 하나는 안타깝게도 지진으로 무너져 버렸다고 한다. 중간에 자리한 무게 180t, 높이 27m의 오벨리스크는 1,700년 전에 만들어진 것으로 1937년, 이탈리아의 무솔리니에 의해 강탈당했다.

무솔리니가 가져갈 때 세 동강으로 토막 내어 가져갔고 로마의 콜로세움 근처에 세워져 있다가, 2005년 4월 19일 문화재 반환 운동 때문에 67년 만에 에

티오피아로 돌아왔다. 아직도 토막 났던 흔적이 남아있어 아쉬움을 더했다. 지지대를 받치고 있는 가장 오른쪽의 오벨리스크는 2,000년간 한자리를 지켜 왔다고 하니 에티오피아인들이 자랑할 만하다.

여왕이 기거했다는 왕궁터는 터만 남은 토대 위에 높이 2~3m의 돌을 차곡차곡 쌓아 올려 형태를 복원시켜 놓았다고 한다. 당시 가보지 못한 점은 아쉬움으로 남는다.

에티오피아인들은 사랑하는 시바의 여왕이 목욕을 하고 아궁이에서 밥을 짓던 이곳을 신성하게 여긴다. 여러 가지 설에 대한 진실 여부는 아직 입증되지 않았지만, 역사적인 신빙성이나 시기의 중요성보다 에티오피아인들에게는 전설이 곧 진실임을 믿어 의심치 않는다.

그들의 믿음은 종교적 신앙이자 역사적 자긍심이고 과거의 영광을 재현하고 싶은 희망이기 때문이다. 이 호수(목욕탕)를 사진에 담으며 나는 시바의 여왕이 솔로몬과의 로맨스를 그리워했을 것 같다는 생각을 해보았다. 지중해의 푸르른 해안에서의 한때가 여기에서 되살아났을 것이라는 생각이 영상이 되었다.

3,000여 년의 유구한 왕조의 도시 악숨을 보며 나라의 흥망성쇠를 다시 한번 생각하게 한다. 고인류학을 연구하는 사람들은 320만 년 전의 인류 화석인 '루시(Lucy)'가 발견된 데 이어 인류의 먼 조상이 되는 '호모 파빌리스(손을 쓴 사람)', '호모 에렉투스(곧추선 사람)', '호모 사피엔스(지혜가 있는 사람)' 등 다양한 인류 화석까지 출토된 곳이라 '인류학의 보고'라고 한다. 허름한 박물관에는 루시의 화석이 전시되어 있었다.

마치 방치된 것처럼 전시된 박물관은 철통같은 보안에도 불구하고 허름하기 짝이 없다. 선진국 같았으면, 아니 그 옛날 번성했던 악숨 왕조의 위세가 살아 있다면 화려하게 치장된 박물관이 전 세계 관광객들을 사로잡았을 텐데, 이 또한 국가의 빈약한 경제력 탓이니. 우리가 지켜야 할 것들이 무엇인가를 생각하게 한다.

왕조의 도시 악숨에서의 오후는 이것으로 마무리하고 내일은 이들의 특별한 종교행사를 보고 카메라에 담을 예정이다. 10여 일의 일정을 오늘은 일찍 마감한다. 내일을 위한 준비이다. 아직도 여전히 종교가 살아 있고, 그들의 자긍심이 살아 있는 도시 악숨에서의 두 번째 밤을 위해 호텔로 향한다.

2018년 3월 4일

기도

악숨에서의 두 번째 날이다. 악숨에서는 유서 깊은 모세의 십계명의 성궤가 보관되어 있다는 '시온성 메리 교회'를 중심으로 새벽 미사가 진행된다. 정해진 날짜가 있는 것은 아니지만 그들은 성스러운 마음으로 악숨의 중심부인 교회, 마을, 오벨리스크가 있는 광장을 돌며 장엄한 미사가 진행된다.

새벽 세 시, 우리는 졸린 눈을 비비며 광장으로 갔다. 시온성 메리 교회 옆 성당(에티오피아 정교회)에서는 벌써 신자들이 나와 기도하고 있었다, 아름다운 스테인드글라스의 빛이 이들이 기도하는 모습을 한층 더 돋보이게 한다. 벽에 기대어 촛불을 켜기도 하고, 입을 맞추기도 하며 기도하는 그네들의 모습을 보며 어머니 생각이 났다.

예전에는 우리네 어머니도 이렇게 정성 들여 기도하였을 것이다. 둥그런 보름달이 차갑고 푸른 하늘에 높이 솟아오른 자정쯤, 어머니는 하얀 사기그릇에 정화수

한 그릇 올린 장독대에서 달님에게, 어머니가 믿으셨던 알지 못하는 신에게 이들처럼 기도하셨다. 에티오피아 여인들의 바람이나 우리네 어머니의 바람이 사뭇 다르지 않을 것 같음은 사람 사는 세상이 모두 비슷할 것이란 생각이 들기 때문이다. 가족이 건강하기를 바라고 성공하기를 바라는 마음 그런 것들이 아니었을까?

교회에서 시작된 미사는 신자들의 손에 들린 촛불 행렬을 이루며 이 교회 저 교회를 돌고 시내를 한 바퀴 돌아 오벨리스크가 있는 광장 앞까지 왔다. 그네들의 왕이 묻힌 무덤 위에 2,000년을 서 있었다는 오벨리스크를 한 바퀴 돌아 다시 그들이 기도를 시작하였던 시온성 메리 교회의 광장 앞으로 이어진다.

언제부터 계속됐는지는 알 수 없으나 이 장엄한 미사가 진행되는 동안 나도 모르게 절로 기도가 나옴은 그 성스러움이 준 선물이었던 것 같다. 에티오피아의 하느님도 내 마음속의 하느님과 다름이 없을 터이니, 그날 그 그곳에서 기원한 나의 기도도 들어

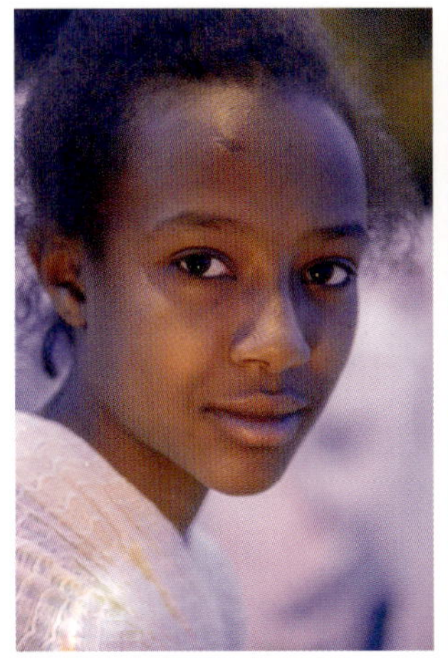  

주고 계시리라 굳게 믿는다.

더욱 놀라운 것은 이곳은 아이들도 이 미사에 대거 참여한다는 것이다. 많은 수의 젊은이들과 아이들이 새벽 미사에 참여했다. 모두가 하얀 망토(그들이 사용하는 하얀 천으로 된 쓰개용 옷)을 쓰고 있어 마치 중세의 어느 기도회 같은 느낌이 들었다. 젊은이나 아이들의 진지함 또한 어른 못지않아 카메라를 든 우리조차 숙연해지게 하였다.

기도하다 말고 카메라를 든 나를 향해 포즈를 취한 학생인 듯한 이 여인을 보자 나는 그만 시바의 여왕을 떠올리고 말았다. 까무잡잡한 얼굴에 커다랗고 까만 눈. 요염한 표정이 묻어나는 그녀의 화려하고 정갈한 모습. 이들이 시바 여왕의 자손임에 손색이 없어 보인다.

캄캄한 어둠 속에서 시작된 미사는 날이 밝아서야 끝이 났다. 수백 년은 족히 되어 보이는 커다란 나무가 광장의 중심에 서 있었다. 아마도 이 나무는 수백 년 동안 이들의 기도 소리를 모두 듣고 있었으리라. 어느 댁 아녀자의 바람도, 어느 댁 청년, 처자, 아이들의 바람도 모두 듣고, 읽어 하느님께 전달하는 사제가 되어가고 있는지도 모르겠다.

이 나무 앞에서 밝게 웃는 꼬마 개구쟁이처럼 밝고 맑은 미래가 그들의 삶을 평안하고 행복하게 해 주기를 기도해 본다. 그리고 그들의 영광스러운 시대 악숨 왕조의 영광이 재현되기를 기원해 본다.

2018년 3월 5일

랄리벨라

11월 10일 에티오피아 여행 9일째 날이다. 성궤의 도시 악숨을 떠나 에티오피아 제3의 도시인 랄리벨라로 향한다. 에티오피아 국내선 항공편은 40여 분을 날아 12시 30분경 공항에 도착했다.

고도 2,800의 산악지대에 있는 도시로 리틀 예루살렘을 꿈꾸던 랄리벨라 왕의 도시이다.

랄리벨라 암굴 교회 군은 오래전에 확립된 에티오피아 건축 전통 중에서 특히 빛나는 사례이다. 랄리벨라 왕은 에티오피아인에게 신앙심을 깊이 고취하고자 하였으며, 이에 걸맞도록 신성하고 상징적 장소로써 교회를 창조할 목적으로 이러한 구조를 선택한 것으로 보인다.

랄리벨라는 에티오피아 고원의 해발 2,800m 지대에 있는 작은 마을이다. 주위는 바위투성이에다 건조 지대이다. 여기서 13세기에 독실한 신자들이 붉은 화산암을 자르고, 파서 13채의 교회를 짓기 시작했다. 13채 가운데 4채는 지지대 없이 건물 바닥인 모석(母石)에만 붙어 있는 상태에서 완전하게 자유롭게 세워진 구조로 완성하였다. 나머지 9채는 암석에서 약

간만 단독으로 서 있거나 아니면 정면 부분만 떨어져 있는 형태로 되어 있다.

전설에 따르면 랄리벨라 왕은 로하(Roha)에서 태어났다.

그의 이름은 '꿀벌이 통치권을 인정하다'라는 뜻이다. 신이 그에게 석조 암굴 교회 10채를 건설하라고 명령하면서 건설에 필요한 세부적인 지침을 주고 심지어 색상까지도 알려주었다고 한다. 형 하베이(Harbay)가 왕위에서 물러나면서 랄리벨라 왕은 사명을 실행할 기회가 얻었다.

교회는 일단 짓기 시작하자 놀라운 속도로 공사가 진행되었다고 한다. 전설에 따르면 천사들이 밤낮으로 일꾼들을 도왔으며 일꾼들이 낮 동안 작업한 양을 두 배로 만들었기 때문이라고 한다.

에티오피아는 오랜 역사 동안 여러 사건에서 왕들과 관련된 전설이 많다. 하나는 랄리벨라가 동생에게 독살당해 사흘 동안 혼수상태에 빠졌다가 천국으로 인도되어 암굴 도시의 환상을 보았다는 것이다. 다른 하나는 그가 예루살렘으로 귀양을 갔는데, 그곳에서 에티오피아로 돌아간다면 새로운 예루살렘을 건설하겠다고 맹세했다고 한다. 또 다른 전설에 따르면 교회를 지은 것은 유럽에서 온 템플 기사단이라고도 한다.

'베트 메스켈'의 예배당 안에 있는 동굴에는 아직도 은둔자들이 살고 있다. 서쪽 그룹에 속하며 모든 교회 가운데 가장 잘 보존되어 있다고 하는 '베트 기오르기스'에는 재미있는 이야기가 있다. 성 게오르기우스가 랄리벨라 왕 앞에 모습을 드러내 자신에게 바쳐진 교회는 하나도 없다고 불평을 했다는 것이다. 왕은 즉시 그를 위해 가장 아름다운 교회를 지어 주겠다고 맹세했다. 그 결과 '베트 기오르기스'가 탄생했으며, 입구에 있는 벽에는 성인의 말의 발굽 자국이 새겨져 있다고 한다.

가장 나중에 세운 기오르기스성당은 평면 구조가 너비 12m, 깊이 12m인 그리스십자가 모양이고 건물 꼭대기에는 십자가를 3겹으로 조각해 놓았다. 1978년 유네스코(UNESCO:국제연합교육과학문화기구)에서 세계문화유산으로 지정하였다.

이 교회들은 한 개의 교회를 짓는데 대부분 수십 년 동안의 기간에 걸쳐 건립되었다. 동서고금을 막론하고 왕의 절대 권력이나 신권의 강화를 위해 죽어나는 건 백성들뿐이다. 십수 개의 암석 교회를 짓기 위해 흘렸을 백성들의 땀방울이 바위의 곳곳에 역사의 세월만큼 묻어 있음은 당연한 일이리라.

위정자들이 오죽 미안했으면 천사들이 밤낮으로 일꾼들을 도와서 일꾼들이 낮 동안 작업한 양을 두 배로 만들었다는 얘기까지 만들어 내었을까 싶다. 아

마도 천사의 도움은 감독들의 채찍으로 대신하지 않았을까.

사진은 성조지 교회이다. 악숨 양식의 교회로 노아의 방주 모양을 따서 만들었다고 한다. 커다란 바위를 밑으로 파고 내려가며 십자가 모양으로 만들어진 이 교회는 40년 동안 완성되었다고 하며, 랄리벨라 왕이 무덤이 있는 곳이다. 내려가는 길까지 바위를 파서 만들었으니 그 시절 백성들의 노고가 짐작하고도 남는다.

지금처럼 장비가 있는 것도 아닐 터이다. 아니 지금도 에티오피아에는 최신식 장비가 들어와 있지 않은 것 같으니, 일일이 정과 끌을 든 사람의 손을 거쳤을 것이라는 생각을 하니 신을 향한 그네들의 집념인가? 왕의 채찍일까가 궁금해진다. 하긴 며칠 전 악숨에서의 기도 행렬로 보아 신을 향한 그네들의 마음의 표현일 수도 있겠다는 생각이 든다.

이 사제는 낯선 나라에서 온 동양인들을 위해 십자가 모양의 창틀로 들어오는 빛을 이용하여 성경책을 읽어 보인다. 물론 아직도 열악한 그들의 전기 사정으로 인해 암굴교회 안에서는 촛불을 켜고 있는 모습이었다. 평생 그네들의 하느님을 위해 바친 세월만큼의 표정과 몸짓이 묻어난다. 어쩌면 아직도 간절한 기도가 그네들의 삶을 지켜주고 있을지도 모를 일이다. 아프리카에서 유일하게 그리스도교와 이슬람교가 평화롭게 공존하는 나라라고 하니 아마도 간절한 기도의 힘이 아닐까.

2018년 3월 23일.

성조지교회의 아침

11월 12일 에티오피아 여행 11번째 날이다. 아침 7시, 랄리벨라 왕이 무덤이 있다는 암석 교회 성조지 교회에서 아침 미사가 열리는 날이다. 때마침 주일이어서 우리에게 찾아든 행운이다. 아침 7시, 부드럽고 시원한 빛이 암석 교회의 십자가를 비춘다.

40여 년 동안 지어졌다는 암석 교회를 카메라에 담기 위해 우리는 해가 뜨기도 전에 교회의 십자가가 내려다보이는 곳에 자리 잡았다. 30여 분을 기다리자 하나둘씩 사람들이 모여들기 시작했다. 어른, 아이 할 것 없이 하얀 망토를 쓴 모습이 중세의 모습을 담은 어느 영화의 한 장면처럼 카메라에 들어왔다. 암석 교회의 십자가를 향해 기도를 마친 신도들은 교회의 아래로 내려가 한 시간 이상 예배를 본 후 다시 올라온다. 이렇게 수백 년 동안 그네들의 신심이 하늘에 닿아 12~3세기에 지어졌다는 교회가 아직도 건재한 모습으로 그들, 에티오피아인들을 지켜주고 있는지 모른다.

암석 교회 안에서 미사를 마친 신도들과 사제는 다시 땅 위로 올라와 암석 교회를 돌며 미사를 올린다. 사제들은 각각의 신도들에게 축성을 해주기도 하는 모습이 천주교의 미사나 다를 바 없어 보인다. 부지런히 셔터를 눌러대던 나도 어느새 기도문을 외우고 있다.

내 안에 하느님이 강림하신 모양이다. 그래 기회 있을 때 기도라도 해 보자 싶었나 보다. 게으른 신자의 돌발적 기도도 들어 주실지 모른다는 생각이 든 것은 그네들의 기도하는 모습이 장엄함 때문일 것이다.

미사가 끝난 후, 밑으로 내려가자 아이들이 우리를 맡는다. 낯선 얼굴의 동양인 들이 신기한 모양이다. 아이들은 너도 나도 호기심 가득한 표정으로 우리를 둘러싼다. 그 아이들이 표정을 담으며, 이 아이들이 미래를 생각해보았다. 지금은 비록 가난한 나라의 아이들이지만 이 아이들이 어른이 될 때쯤 이 나라도 이들의 기도에 힘입어 잘사는 나라가 되어 있지 않을까. 이른 아침 아이들까지 모두 나와 하느님께서 기도하는 이 광경을 어찌 하느님께 무심히 지나칠 수 있으랴 하는 생각이 들었기 때문이다.

밝고 영특해 보이는 이 사내아이를 보며 지혜의 왕 솔로몬의 아들 메넬레크를 닮았을지도 모른다는 생각을 해 보았다. 아버지 솔로몬이 왕위를 물려준다는 말도 서슴없이 거절하고 고국으로 돌아와 악숨 왕국을 세웠다는 메넬레크의 자손이 이런 모습이 아니었을까 싶었다.

솔로몬을 유혹하여 아들 메넬레크를 낳았다는 시바의 여왕의 미모를 물려받은 이 여자아이들을 카메라에 담으며 그녀들 또한 삼천 년 전의 시바 여왕의 후손임에 손색이 없다는 생각이 들었다.

커다란 암석을 깎아 길을 만들었다는 좁은 길을 따라 내려가다 보면 그물망이나 철망으로 가려진 곳에 사람이 유골이 방치된 듯 놓여 있는 모습을 여럿 볼 수 있다. 사진을 찍다 말고 놀란 나는 얼른 가이드의 눈을 쳐다보았다. 혹시나 무슨 형벌을 받은 사람일지도 모른다는 생각을 하고 있었다.

가이드가 웃으며 말했다. 전혀 무서워할 필요없다는 얘기이다. 이들은 주로 신부나 수도사들로 이 교회로 들어와 암석 교회 안으로 들어가 죽을 수는 없으니 조그만 암 굴을 스스로 파서 그곳에 들어가 죽음을 맞이한다는 것이다. 그리고 그 유골은 수백 년 동안 그곳에 있었다는 것이다. 그들의 소망이 이렇게 죽는 것이기 때문이라고 설명한다.

우리의 사고로는 이해할 수 없지만, 그들이라면 그럴 수도 있겠다는 생각이 들었다.

무엇을 위해 죽든, 어떻게 죽든 그것은 그네들의 의지의 표현일 테니까. 반드시 태어나고 죽음이 통상적이고 표준화될 필요는 없을 테니 말이다.

이 화창하고 찬란한 아침, 수 세기 전 지어진 성조지 교회의 십자가를 바라보며 삶과 죽음의 의미를 다시 한번 생각해 본다.

2018년 3월 30일

믿는 자에게 복이 있나니

11월 12일 11번째 날이다. 랄리벨라를 떠나 아다스아바바 공항에서 하라르의 디레다와 공항으로 이동하는 경로이다. L상무는 우리들의 편의를 위해 10여 시간 이상 걸리는 차량 편을 취소하고 항공편으로 이동하게 하였다.

공항에 도착 후 일행들은 자신의 짐을 챙긴다. 모든 것이 수동으로 이루어지는 공항시스템이다. 몇십 명밖에 안 되는 다른 승객들은 엔진이 달린 수레에서 내린 가방을 챙기고 공항 문을 나서기 시작했다. 한 참 찾아도 내 가방은 보이지 않았다. 먼저 챙겨 든 낯선 사람들의 가방까지 눈여겨 보아도 보이지 않는다. 내 목소리에 다급함이 잔뜩 묻어났다. 덩달아 다급해진 현지 가이드가 공항 관리실로 행했다.

30여 분을 추적한 끝에 아디스아바바 공항에서 싣지 않은 것 같다는 대답이 돌아왔다. 랄리벨라 공항에서 출발하여 아디스아아바 공항에서 갈아타는 일정인 비행기는 내 가방만을 남긴 채 디레다와공항에 들어와 버렸다. 일단 숙소에 돌아가서 기다릴 수밖에 방법이 없다는 얘기이다. 우리나라 공항시스템이라면 컴퓨터만 켜면 그때쯤 어디로 갔는지 알 수 있었을 테지만 그곳은 그런 시스템은 꿈도 못 꾸는 곳이었다.

몇 년 전 산토리니 여행 시 가방을 잃어버린 친구가 며칠 동안 애를 먹던 생각이 문득 떠올랐다. 이럴 때 다른 승객이 가져가지만 않았다면 바로 찾을 수 있지만, 혹시 다른 승객이 자신의 것으로 알거나 고의로 가져가 버리면 기약 없이 기다려야 하고 때로는 못 찾을 수도 있다는 얘기이다.

어깻죽지가 맥없이 쳐졌다. 모든 일상용품은 물론이고 그동안 찍은 사진이 저장된 외장하드까지 거기에 들었으니 열흘간의 여행이 공염불이 될지도 모르는 일이었다.

우리를 인솔해간 L상무도 현지 가이드도 낯빛이 내 얼굴보다 더 흙빛이 되었다. 두 분은 걱정하지 말라며 그곳 아디스아바바에 있는 직원들에게 백방으로 알아보라고 했다며 나를 안심시켰다. 두 분을 믿는다며, 걱정하지 않고 기다리겠다고 했지만, 속으로는 죽을 맛이었다. 그렇다고 그분들을 향해 짜증을 내도 별 뾰족한 수가 없어 보이니 애써 태연한 척 웃어 보였다.

저녁 식사 시간 걱정이 된 동료들은 서로 자기 물건들을 쓰라며 권한다. 일단 룸메이트인 K언니의 도움으로 하룻밤은 면할 수 있을 것이다. 룸으로 들어가 조금 있으려니 강릉에서 오신 P선생님이 새것이라며 펜티 한 장을 들고 왔다. K언니는 세면도구가 없는 나를 위해 선뜻 자신의 세면도구를 내어주며 먼저 씻을 것을 권한다. 가방을 잃어버려 마음이 무거운 나를 위한 배려였다.

갑자기 콧마루가 시큰해졌다. 그 먼 나라에서 그런 예쁜 마음을 가진 동료들이 없었다면 얼마나 쓸쓸하고 속이 상했을까. 더구나 우리나라처럼 물자가 풍부한 나라도 아니니 새로 사기도 어설픈 상황이라 더욱 내가 안쓰러웠던 모양이다.

저녁 시간 간단한 다과를 먹자며 모인 일행들 앞에 현지 가이드가 헐레벌떡 들어왔다. 아직도 결과가 없는지 내 눈을 쳐다보지 못한다. "저는 L상무님과 아베베(현지 가이드 이름)님을 굳게 믿어요. 잘 될 것 거라 믿으니 걱정하지 마세요."라며 호기롭게 얘기했다. 사실 걱정하고 인상을 찡그리고 있다고 해서 될 일이 안되는 것도 아니고 안 될 일이 되는 것도 아니란 것은 누구나 알 것이다. 다만 어쩔 수 없이 마음을 다스리지 못한 결과를 표정에 나타낼 뿐. 나 또한 느긋하게 마음을 다잡아 보자는 뜻으로 내뱉은 말이었다. 두 분은 고맙다며 연신 미안하다고 한다.

사실 공항 측의 실수이지 그들의 잘못도 아니다. 다만 연결 편 항공 시 체크하지 못한 것뿐이다. 누가 그런 일이 일어날 줄 상상이나 했겠는가. 그렇게 말하는 내 표정도 아마 그들은 읽었으리라. 내 마음을 다스리기 위한 것이란 것을 그들도 눈치챘을 것이다. 어쨌든 말이라도 그렇게 하고 나니 조금 진정이 되는 것 같았다.

다음 날 아침 일찍 하라르의 가장 높은 언덕에서 하라르의 일출과 함께 전경을 바라본다. 그리스도교도와 이슬람교도가 평화롭게 공존하고 있다는 세계 유일의 도시이다.

하라르가 내려다보이는 언덕에 올라 이른 아침의 다운타운을 카메라에 담으며 내 머릿속은 다시 잃어버린 가방으로 채워진다. 나도 모르는 사이에 성호를 긋는다. 수

세기 동안 사람들의 기원이 평화로이 공존한다는 도시 하라르의 영험함으로 '내 가방 좀 돌아오게 해주세요.' 하고. 그때 당시로써는 어디에도 호소할 방법이 없으니 어쩔 수 없는 내 심경을 담은 기도였다. 속으로 그랬다. 한국 같았으면 관계항공사 관리실을 수십 번 뒤집어 놓았을 텐데, 말도 뜻도 안 통하니 그런 맥없는 기도나 하고 있을 수밖에.

아침 촬영을 마치고 숙소로 돌아와 저녁 촬영 전 잠깐의 휴식을 위해 쉬기로 했다. 쉬기로 하긴 하였지만 사실 가방의 행방이 묘연하니 잘 쉬어지지도 않았다. L 상무와 아베베도 나 못지않게 속이 타들어 가고 있을 테니 호기롭게 믿는다고까지 말해버린 마당에 다시 물어보기도 그랬다.

괜스레 휴대폰만 만지작만지작하기를 반복하다 이내 포기해 버렸다. 머릿속에서는 갖은 상상을 한다. 그 공항에서 갈 수 있는 경우의 수가 그려진다. 이태리, 아프리카 등등, 모두 접근하기 어려운 곳들뿐이다. 어쩌면 케냐의 정글 속으로 들어갔는지도 모른다는 생각을 해보기도 한다.

무슨 영화 찍냐며 자책을 해보기도 하며, 침대에서 이리저리 뒤척거리던 때이다. 누군가가 똑똑하고 노크를 했다. 벌떡 일어나 문을 열었다. 커다란 덩치의 사내 아베베, 마라토너 아베베가 아니고 우리의 가이드 아베베가 내 가방을 내밀며 씨익 웃어 보인다. 엉겁결에 달려들어 그를 꼭 껴안고 말았다.

이럴 때 생각나는 말 있다. '믿는 자에게 복이 있나니'

2018년 3월 25일

하라르의 소녀

11월 13일 에티오피아의 하라르, 에티오피아 여행의 마지막 기착지이다.

역사적인 요새 도시 하라르는 에티오피아 동부 사막과 사바나로 둘러싸인 고원으로 해발 1,885m의 동쪽 언덕 아래 깊은 골짜기에 있다. 이 신성한 이슬람 도시를 에워싸는 성벽은 13세기에서 16세기 사이에 건설되었다고 한다.

'저고르(Jugol, 성곽도시, 요새))'라 불리는 성벽은 이 도시의 상징이다. 이 저고르는 높이 4m, 길이 3.5㎞의 성곽 안에 3,000여 채의 집이 있으며 366개의 골목이 미로처럼 이어져 있다.

하라르에는 10세기에 지어진 3개의 성전을 비롯하여 82개의 모스크와 102개의 사원(성소)이 있어서 이슬람교의 '제4의 성지'로도 여겨졌다. 그리고 이곳에는 하라르의 문화적 전통이 잘 드러나는 독특한 내부 구조의 주택들이 있다. 아프리카와 이슬람 전통의 영향을 받아 형성된 하라르의 건물 형태와 도시 계획은 매우 독특하고 독창적이다.

하라르의 기원은 모호하며, 지금까지 내려오는 구전에 따르면, 1256년 7월 아라비아반도 출신의 이슬람 족장 405명이 이곳에 왔으며, 그들은 이곳에 도시를 만들기로 하였다고 한다.

몇몇 기록에 따르면 하라르는 10세기 무렵 혹은 그 이전에 탄생하였다. 9세기 무렵 에티오피아에 이슬람교가 전파되었다. 아만수르(Aw Mansur), 주골의 가라드 무하마드 아보그(Garad Muhammad Abogh), 외곽의 아마차드(Aw Machad) 등 하라르에 있는 3개의 모스크는 10세기에 지은 것이다.

1277년~1285년 사이에 서로 이웃한 군주들이 모여 5개의 무슬림 공국 연합을 결성하였다. 이때부터 무슬림이 무역을 장악하면서 하라르는 주요 무역 중심지가 되었다. 16세기 들어 하라르는 오늘날의 도시 형태를 갖추었고, 1520년~1568년까지 하라르 왕국의 수도였다.

하라르의 명성에 관심을 보이던 이집트가 1875년~1885년까지 이곳을 점령하였다. 1887년, 하라르는 아스마딘(Asmaadin)의 왕 메넬리크(Menelik)에게 정복당했으며, 메넬리크는 이후 에티오피아 황제가 되었다. 이후 황제는 하라르의 이슬람교도를 인정하며 서로 싸우지 말고 사이좋게 지낼 것을 맹약한 후 지금까지 그 약속이 지켜지고 있으며 지금도 세계에서 그리스도교와 이슬람이 사이좋게 지내는 유일한 나라가 되었다고 한다.

영화에서나 볼 법한 중세의 어느 마을을 방불케 하는 하라르의 성문을 나서면 장이 선다. 이들은 아침 일찍 자신들의 수확한 갖은 종류의 물건들을 가지고 나와 물물교환을 하거나 팔아서 살아가는 모양이다. 성문을 바로 나서자 갖은 종류의 과일과 채소가 즐비하다. 자동차가 없으니 대부분의 사람들은 물건들을 이거나 지고 수십 리 길을 걸어 이곳으로 나온다. 마른 나뭇가지를 꺾어 묶고 이고 온 이 들은 이 물건들을 사러 나온 사람들에게 팔려고 서로 좋은 자리를 찾아 앉거나 서서 물건을 파는 모습이다.

아침 일찍 시장으로 고구마순을 팔러 나온 이 소녀의 간절한 눈빛을 바라보며 누군가가 빨리 저 고구 마순을 사주었으면 좋겠다는 생각이 들었던 것은 아마도 엄마 생각이 나서였을 것이다.

오일장에서 자리를 펴신 엄마의 물건이 빨리 팔려야 내가 갖고 싶은 물건도 살 수 있고 빨리 집으로 돌아갈 수 있었으니 당연한 나의 바람이었을 테니까. 다행스럽게도 엄마는 내게 저런 일을 시키진 않았으니 얼마나 감사한 일인가. 내 나이가 저 소녀 나이쯤이었을 때 우리나라도 별반 다르지 않아 충분히 나도 그랬음직 한 일이다.

울타리 사과나무에서 따 왔는지 모르는 저 소녀의 사과는 주인을 부끄럽게 하는 모양이다. 부끄럼을 많이 타는 저 소녀는 고구마 순을 파는 소녀의 야멸친 눈빛과는 달라 보인다. 어서어서 빨리 사과가 팔려서 이곳을 벗어나고 싶은 간절함이 묻어나 보인다. 아니면 그저 내가 그렇게 그 소녀의 표정을 제멋대로 읽어 버리는지도 모를 일이긴 하다.

어느 오일장 날인 것으로 기억된다. 수수 빗자루를 짊어지고 나선 엄마를 따라갔던 날이다. 열심히 호객행위를 하며 빗자루를 팔고 있는 엄마 옆에서 놀고 있던 내 눈앞에 초등학교 같은 반 아이가 제 엄마랑 손을 잡고 오고 있었다.

가슴이 쿵쾅거렸다. 그들의 발걸음 소리가 점점 더 크게 들려왔다. 어찌해야 할 바를 몰랐다. 갑자기 빨개진 얼굴로 얼어붙어 버린 내 발은 움직일 수가 없었다. 바닷가 마을에 사는 J였다. 그녀는 얼른 앞으로 나서며 자기 엄마에게 같은 반이라며 나를 가리켰다. 다행히 그 친구의 엄마와 우리 엄마는 구면이었는지 오랜만이라며 인사를 하였다.

그날 잠깐 그 자리에 있는 내가 부끄러웠던 기억, 수십 년이 지난 지금에서야 저 소녀를 바라보며 떠오름은 왜일까? 지금까지 한 번도 그날의 부끄러움이 엄마에게 미안하다고 생각해보지 않았었는데 오늘은 이미 하늘나라에 가버리신 엄마에게 미안해진다.

이곳 하라르의 저 소녀도 오늘 이 자리가 부끄럽지 않은 당당한 날이 오길 기원해본다.

2018년 4월 1일

한판 승부

11월 15일 에티오피아 여행의 마지막 날이다. 하라르의 저고르(성곽도시) 안, 366개의 골목이 있다. 366개의 골목이 혹시 1년을 상징함이 아닐까?. 366개의 골목 안에 그네들의 1년 동안의 삶의 애환이 가득 담겨 있을지 모른다는 생각이 드는 것은 골목 안 풍경이 저마다 다른 모습이어서일 것이다.

골목을 샅샅이 누비며 그네들의 삶의 현장으로 들어가 본다. 비좁은 길을 이리 돌고 저리 돌아 종일토록 걸었다. 마치 미로처럼 구불거리는 길을 숨바꼭질을 하듯 아침 한나절, 저녁 한나절씩을 돌았다. 낯선 곳, 낯선 이들의 삶을 들여다보는 것은 참으로 신기하고 독특한 경험이다. 말도 통하지 않는 그네들을 향해 손짓 발짓을 해가며 소통한다. 보디랭귀지는 어디를 가도 통하는 만능언어인 셈이다. 종일토록 거리를 마치 길 잃은 사람들처럼 돌아다니다 지쳐 숙소로 돌아오니 어느새 해가 뉘엿뉘엿 넘어가기 시작한다.

식사를 마치고 샤워까지 끝낸 후 에티오피아의 마지막 밤을 잠으로 불태우리라 다짐한다. 체력이 더 이상의 방황을 허락하지 않을 것 같다.

아직 채 어둠이 가시지 않은 창문의 커튼을 굳게 닫고 잠자리에 들었다. 막 잠들려는 순간이다. 어딘가에서 뚝뚝 소리가 난다. 가만히 귀 기울여 본다. 바로 K언니 배 위에서 나는 소리다. 깜짝 놀라 벌떡 일어났다. 아니! 이럴 수가! 천정에서 K언니의 배 위로 물이 뚝뚝 떨어지고 있었다. "언니 배 위로 물이 떨어져." 곤히 잠들어 있던 언니가 어리둥절한 표정으로 일어났다. 기겁하고 사람을 불렀다.

십 여분을 기다린 후에 나타난 호텔 매니저에게 손가락으로 K언니의 배를 덮고 있던 이불을 가리켰다. 그네들은 아무렇지도 않은 듯 방을 바꾸어 준단다. 앞방으로 옮겼다. 침대가 마땅치 않다고 하자 거구의 두 여인은 내가 쓰던 침대를 번쩍 들어 옮겨다 놓는다. K언니와 나는 그냥 웃고 말았다. 그리고 다시 잠자리에 들었다.

잠 신이 살살 왕림하려는 순간이었다. 커다란 쥐 한

마리가 내 침대 밑으로 재빨리 사라진다. 화들짝 놀란 내가 벌떡 일어나자 뭰일이냐며 K언니도 일어났다. 쥐가 들어왔다는 소리에 덩치 큰 K언니는 나보다 더 호들갑이다. 일어나서 침대 위를 펄쩍펄쩍 뛰어 보아도 쥐란 놈은 나올 생각도 하지 않고 침대 밑에서만 이리 갔다 저리 갔다 하는지 소리만 요란하다. 수건도 던져보고, 신발로 두드려도 보고 별짓을 다 해도 녀석은 꿈쩍도 하지 않고 우리를 약 올리는 재미를 붙였는지 감감소식이다.

그냥 자자는 내 말에 K 언니는 절대 안 된다고 아우성이다. 하긴 위생 상태가 그리 좋은 편도 아니니 이 녀석이 얼굴 위로라도 올라오면 큰일이기는 하다. 비상수단을 써야 했다. 그때 번뜩 떠오르는 게 있었다. 삼각대, 우리에겐 카메라 삼각대가 있었다. 카메라 삼각대를 마치 장총처럼 최대한 길게 폈다.

쥐와의 한판 승부가 시작됐다. 침대 밑에 삼각대를 넣고 크게 휘저었다. 두어 번 휘저은 후였다. 커다란 쥐 한 마리가 쏜살같이 출입문 밑으로 사라졌다. 이런! 출입문이 바닥과 주먹이 들어갈 만큼 떠 있으니 쥐쯤은 맘 놓고 제 세상인 양 돌아다녀도 되게 생겼다. 어이가 없어진 우리는 그저 웃을 수밖에. 그래도 이 호텔이 인근에서는 최고의 호텔이라니 그저 받아들여야 하는 신세이다. 다시 쥐가 들어오지 말란 법이 없으니 대책을 강구 할 수밖에. 샤워용 수건을 둘둘 말아 문틈을 막아 놓고서야 그 밤 우리는 평안한 잠자리에 들 수 있었다.

잠자리에 누우니 아프리카까지 와서 백주에 고작 쥐와의 한판 대결에 승부를 걸어야 했다는 생각을 하니 괜히 헛웃음이 나온다. 워낙 피곤했던 터라 어느새 잠이

들고 말았는지 쥐와의 한판 대결은 잊힌 승부사가 되고 말았다.

다음 날 귀국행 비행기를 타기 위해 공항으로 가는 길이다. 왁자지껄한 짜트 시장으로 들어갔다. 짜트는 사람 키 정도의 붉은 나무줄기에 푸른 잎들이 무성한 나뭇가지를 잎이 달린 채 꺾어다 파는 것이다. 마치 우리의 막물 찻잎처럼 거친 모양을 한 잎이다. 짜트의 여린 잎을 딴 뒤 이걸 다발로 묶어 내다 판다고 한다. 잎이 시들기 전에 팔아야 제값을 받을 수 있으므로 하라르의 시장과 거리에선 짜트 잎을 팔기 위해 이처럼 새벽시장이 열린다.

이 잎은 이들의 주 수입원으로 아프리카 전역으로 수출되기도 한다. 그러나 마약 성분이 있다는 것을 알고부터 여러 나라에서 수입을 중단하여 하라르 사람들의 짜트로 인한 수입원이 많이 줄어들었다고 한다. 이들은 짜트 잎을 따서 씹으며 팔기도 하고 사기도 하였다.

사람들은 마약에 취한 듯 모두 날선 모양의 묘한 표정이다. 수많은 무리의 군중 속으로 들어간 우리 일행은 가이드의 보호를 받긴 하였지만 무서운 표정과 반감을

드러내는 그들을 향해 카메라를 들이대기가 겁이 났다. 먹어보라며 내미는 그들을 향해 그저 웃어 보이고는 간신히 빠져나오는데, 길섶에 떨어진 짜트 잎을 주워 먹는 염소마저 비틀거리는 모습에 놀라움을 금할 수 없다.

사람도 염소도 모두 중독이 되었는지 난리 북새통인 곳이었다. 이대로 둔다면 필시 심각한 사회문제가 발생할 것 같은데 이대로 두어도 되는지 걱정이 앞선다. 남의 나랏일까지 걱정하는 내 오지랖이 우습긴 해도 그들도 모두 우리와 같이 이 세상을 살아가는 사람들이니 어찌 걱정되지 않겠는가?

마지막 저녁이다. 인솔자가 마지막 저녁이니 김치찌개나 먹어보자는 말에 모두 환호의 박수를 보냈다. 여느 유럽이나 동남아처럼 가는 곳마다 한식당이 즐비한 곳이 아니니 김치찌개가 있다는 것만으로도 입맛이 다셔지는 것은 어쩔 수 없이 우리의 입맛이 아직은 김치찌개의 시큼 새큼한 맛에서 벗어날 수 없기 때문일 것이다. 우리 앞에 놓인 밥상엔 김치찌개와 하얀 쌀밥, 어린 시절 도시락 반찬에 올라왔던 분홍색 소시지까지 등장하니 금상첨화가 아니던가.

에티오피아의 마지막 저녁 식사, 우리는 아직도 여전히 김치찌개의 맛에 감동하는 한국인임을 새삼 확인하게 하는 상차림을 생각해낸 인솔자의 한판 승부에 홀딱 넘어가 버렸다.

그는 우리에게 또다시 어딘가에 이처럼 맛있는 김치찌개가 기다리는 오지가 있음을 암시하며 눈을 찡긋해 보인다. 우리는 또 다른 오지 여행을 생각하며 귀국행 비행기를 탔다. 꿈속에서는 여전히 된장찌개가 보글보글 끓고 있었다.

2018년 5월 5일

모세의 지팡이

유대의 신 여호와의 음성으로 부름을 받은 모세는 유대인을 이집트에서 데리고 나와 젖과 꿀이 흐르는 땅, 가나안으로 인도하라는 사명을 부여받았다. 온갖 고난 속에서도 모세는 지팡이를 통한 기적을 보이며 유대인을 이집트에서 탈출시키는 데 성공한다. 지팡이를 통한 모세의 기적은 영화 십계 등을 통해 많이 알려졌으니 굳이 크리스천이 아니어도 충분히 알 만한 내용이다.

15일간의 에티오피아 여행, 그 여행의 백미는 단연 다나킬의 하메델레, 그곳의 소금호수와 환상적인 아름다움을 지닌 달롤의 유황 화산 그리고 에르트알레 화산이다.

에티오피아 여행 세 번째 날, 에르트알레 화산을 보기 위해 도돔의 베이스캠프로 출발했다. 12시간 이상의 긴 여정 중 3시간 정도는 그야말로 세계에서 가장 험한 오프로드였다고 해도 과언이 아니다. 찌는 듯한 더위와 흙먼지, 날아오르는 회오리

바람 사이를 가르며 20킬로도 안 되는 저속으로 가야 했다.

나는 애초 여행계획 시부터 에르트알레 화산에 가지 않기로 했었다.

왕복 10시간 이상을 걸어야 하는 트레킹에 자신이 없었기 때문이다. 2년 전 교통사고 후유증이 아직도 남아있는 상태이니 후환이 두려웠기 때문이다. 동행이었던 K씨도 다리가 아파 못 올라갈지 모른다기에 같이 남아있기로 하고 떠났던 것인데 K씨는 가야겠다며 나를 부추긴다. 이 고생을 하고 여기까지 와서 포기하기엔 너무 아깝다며 나를 향해 그 도전정신이 다 어디로 갔냐며 부추겼다. 겉으로는 흔들리는 척했지만, 속으로는 절대 가지 않으리라 굳게 다짐했다. 달빛을 벗 삼아 책이나 읽으며 쉬리라 다시 한번 다짐했다.

12시간의 지프 투어 끝에 도돔의 베이스캠프에 도착했다. 아뿔싸 도착한 베이스의 캠프의 모습을 보는 순간 아연실색하고 말았다. 돌덩이로 둥그렇게 쌓아 올린 야트막한 울타리에 지푸라기로 얼기설기 얹어놓은 지붕, 거기다가 일행은 다 올라가 버리고 현지인인 조리사와 흙바닥에서 하룻밤을 보내야 한다는 것이다. 보기 전에는 설마 사람 사는 베이스캠프인데 못 있을 게 뭐냐고 여겼었다. 하지만 상상을 초월한 환경을 보고, 그것도 낯설고 거친 현지인들과 지내야 한다는 생각을 하니 그곳이 바로 지옥이었다.

그곳을 보자마자 마음을 바꿨다. 곧바로 헤드 랜턴을 머리에 장착하고 일행이 빌려준 스틱에 몸을 의지해 4시간여의 트레킹을 시작했다. 둥그렇고 말간 달빛과 별빛, 은하수까지 무수히 쏟아져 내리는 깜깜한 밤, 앞서간 동료의 발뒤꿈치를 좇다

보니 어느새 정상이다. 정상에 다다르기 전부터 메케한 유황 냄새와 후끈한 열기, 화산이 끓는 소리가 우리 일행을 초긴장 상태로 몰아갔다.

에티오피아의 에르트알레 화산은 3천만 년 전 마그마가 아프리카 대륙을 뚫고 솟아올라 만들어져 현재도 활발히 활동 중인 활화산이다. 달롤 화산 등 다른 문화재들과 함께 세계자연유산에 등재되어 있다고 한다.

용암이 분출되는 모습을 가까이 보고 사진에 담기 위해서는 밑으로 내려가야 한다고 했다. 깜깜한 밤, 용암이 분출되는 소리와 불빛에 의지하여 더듬더듬 바위 위를 걸어간다. 그 바위란 것이 우리가 생각하는 상식적인 단단한 바위가 아니고 마치 숯덩이 부서지듯 발길이 닿으면 푸석푸석 부서지는 바위이다. 이 팀 저 팀 수십 명의 사람이 인솔자들의 뒤를 따라 조심조심 걸어 들어간다. 까딱 잘못하면 염라대왕이 지키고 있음 직한 유황불 구덩이로 직하할지도 모르니 조심하라는 경고는 더욱 가슴을 오그라들게 한다.

이때 인솔자의 지팡이가 빛을 발한다. 나이가 불과 17, 18세쯤 되어 보이는 가냘픈 현지인 인솔자는 커다란 나무 지팡이를 들고 발 디딜 곳을 두드려 본다. 그가 발을 딛고 나서면 두 번째 우리의 우람한 가이드 아베베가 다시 발을 들여놓는다. 왕년의 마라토너와 동명인 그가 내 몸무게보다 훨씬 더 나간다는 사실과 맨발의 마라토너와 동명이니 발 감각이 뛰어날지 모른다는 생각에 정말 다행이라고 생각했다.

마치 모세의 지팡이라도 되는 양 지팡이를 퉁퉁거리며 앞서 나가는 나이 어린 인솔자는 적어도 우리의 눈앞에서는 모세보다도 더 훌륭한 지팡이를 가진 사람이 되어가고 있었다. 그렇게 도착한 그곳엔 벌건 빛을 띠고 펄펄 끓어오르는 유황 불빛과 냄새, 옛이야기에서 나오는 지옥 불의 모습이었지만 어느새 우리는 그 지옥 불빛의 황홀경에 빠져들고 말았다. 하긴 요즘은 지옥이 만원이라서 가볼 수도 없다는데 이처럼 살아생전에 경험해 보고 말았으니, 나는 어쩌면 천당으로 직행하게 될지도 모르겠다.

올라가지 않았으면 에티오피아 여행의 최고의 백미를 놓치고 말 뻔 한순간, 나이 어린 인솔자의 지팡이는 모세의 지팡이가 되어 세계에서 가장 오래되고 가장 큰 활화산으로 우리를 인도했다.

며칠 후 CNN의 브레이킹 뉴스, 한국의 포항에서 지진이 일어났다는 소식이 전해진다. 인터넷도 카톡도 제대로 되지 않는 곳이어서 국내 소식에 둔감했던 터라, 그냥 가벼운 여진 정도이겠거니 하고 가볍게 생각했다. 저녁 시간 전화가 되는 곳에서 겨우 통화된 아들은 지진이 일어나긴 했지만 잘 대피 중이고 별일 없다며 여행 잘 마치고 오라는 전언이다.

아무 생각 없이 인천공항에 도착해서 핸드폰 전원을 켰다. 정말 깜짝 놀랐다. 수능이 연기되고 포항의 북구, 우리 아이들이 사는 곳이 진앙지였는데 이런 무심한 엄마가 어디 있단 말인가? 열 일을 제치고 전화부터 걸었다. 아이들은 다친 데는 없고 며늘아기가 급히 15층 계단을 내려오느라고 충격을 받았는지 다리가 아프다는 것이다.

그리고 집에 있을 수가 없어 서울로 올려보내고 아들은 친구 집에 있다며 다음날 올라온다고 한다. 며느리에게 전화했다. "어머니 저희 저층 아파트로 이사 갈 거예요"라며 울먹인다. 그러라며 다독여 주는 수밖에. 직접 당하지 않는 나조차도 어안이 벙벙한데 그 아이들 마음이야 오죽하겠는가?

용암이 펄펄 살아 벌겋게 끓어오르는 에르트알레 화산의 푸석대는 바위 위에서, 유황 냄새가 머리를 띵하게 했던 아름다운 달롤 유황 화산에서의 내 모습이 불현듯 떠올랐다. 그저 눈에 보이는 아름다움에 취해 안전성이 최악이라는 생각은 조금도 하지 않은 채 세상을 정복한 사람처럼 좋아하던 철없는 모습, 생각할수록 아찔한 순간이었다. 포항의 지진피해보다 훨씬 더 위험했을지도 모르는데 그 기막힌 상황을 즐기는 데만 급급했던 것은 아닐까. 멋있다는 이유만으로 고층아파트를 고집하다 마음고생을 하는 우리 아이들과는 비교도 안 되는 상황이 아니던가. 글쎄 그렇다 하더라도 그곳에 간 것을 후회하지는 않을 것이다. 새로운 세상을 보는 것은 매우 매력적인 일이니까. 마치 신세계를 만난 듯. 이것도 안전 불감증이 확실하긴 한데.

생각지도 못한 지진피해에 당황하는 피해지역 주민들과 우리 아이들의 당황스러운 마음이 무척 걱정된다. 그곳뿐만이 아니다. 이제 전 국토가 지진의 영향권 안에 놓일 수 있다는 전문가들의 얘기이니 조속한 대책이 필요한 때이다. 아직 지진에 대한 우리 정부의 대응 능력이 많이 부족한 상태인 것 같다. 지금 당장 집에도 못 들어가고 있는 그 지역 피해자들에 대한 대책을 조속히 마련하는 정부의 신속한 대응을 요구한다.

유대인들을 이집트 땅에서 데리고 나와 가나안으로 가는 동안 숱한 고난을 이겨내게 한 모세의 지팡이, 에르트알레 화산의 나이 어린 인솔자의 지팡이처럼 우리를 안전하고 평안한 곳으로 인도해줄 국가 지도자의 지팡이가 필요한 때임을 빨리 알았으면 좋겠다. 임신한 몸으로 난생 처음 겪는 그 난리통 속을 탈출해 온 우리 아이들과 아기가 평안한 생활로 다시 돌아갈 수 있도록 현명하고 책임 있는 지도자가 가진 모세의 지팡이를 절실히 기대해 본다.

2017년 11월 19일

사랑과 희망의 주제가 확실한 수필

오경자 (국제PEN한국본부 부이사장, 한국수필문학가협회 회장)

수필은 주변의 일들을 글감으로 하는 것이 대부분이고 자신의 체험을 바탕으로 해서 쓰는 글이다. 그래서 쉬울 것 같지만 바로 그 점 때문에 어려운 글이다. 자신의 일이되 그것을 관계되어진 사람들의 입장에서 생각해 봐야하는 역지사지의 전개를 하지 못하면 삭막하거나 자기과시에 그치기 쉬워서 독자의 감동을 이끌어내지 못한다. 수필의 여러 요소들 중에 역지사지의 관점에서 써야 한다는 조건이 어찌 보면 가장 어려운 것일 수도 있다고 본다.

수필가 양호인은 그의 어느 작품에서나 아주 자연스럽게 역지사지의 관점이 물처럼 녹아 있음을 발견하게 되는 그런 작가이다. 첫 수필집 '할리 타는 여자' 에 이어

두 번째 내보이는 이번 수필집 『그들의 상그릴라로』는 사진촬영을 위한 아프리카 오지여행만을 쓴 기록적 성격이 강한 글이다.

사진작가이면서 수필가인 양호인은 오지 여행의 기록을 바탕으로 깔아 독자의 호기심을 한껏 자극하면서 친절하게 만족시켜 주면서도 수필의 본령을 잃지 않는 맛깔나고 깊이 있는 작품들을 빚어내는데 성공했다.

오지의 열악한 환경을 오히려 사진의 호재로 카메라에 열심히 담으면서 그들의 미래를 걱정하고 그들에게 자신이 못할 짓을 하고 있는 것 아닌가 하는 자책감에서 벗어나지 못하는 심정을 진솔하게 표현하고 있다.

인생은 선택의 연속이다. 그 아낙네가 광주리를 머리에 이고 선택한 그날의 횡재는 며칠 동안 그녀가 팔아야 할 채소 값을 훌쩍 넘는 수익을 보장했지만, 자칫 이제 다시는 야채 따위를 팔고 싶지 않게 할지도 모른다는 기우가 생기는 것은 왜일까?

그네들의 고단한 삶을 도와주고 싶다는 마음에 선뜻 내어줘 버린 우리의 선택이 그들의 삶을 송두리째 흔들어 버리는 것은 아닌지 걱정되는 것은 아마도 우리 식의 기우가 담겨 있어서일 것이다. 그 아낙의 선택이 우리의 기우처럼 되지 않기를 바라는 마음 간절하다.

-「선택」 중에서

체험을 바탕으로 쓰는 글인 수필은 회상을 어떻게 진부하지 않게 잘 이끌어내고 표현하느냐가 매우 중요한데 양호인은 사진을 찍으면서 그 상황 속에 절묘하게 자신의 회상을 삽입하고 있다. 여행을 주 글감으로 쓴 수필은 자칫 통상 기행문의 수

준을 벗어나지 못하는 경우가 많은데 양호인은 여행 중의 극적인 부분, 특히 사진과 관련된 기막힌 장면을 주 글감으로 설정하고 그곳만의 특유의 상황과 장면 등을 글의 절정으로 몰아가는 구성에 성공함으로서 재미있는 수필을 빚어내고 있다.

라면이 그곳 사람들에게는 처음 보는 음식인지도 모르니 당연히 신기할 수밖에. 갑자기 고교시절 늦은 귀가 후 앙은 냄비에 동생 몰래 끓이던 귀한 라면이 깜빡 졸음에 검정 숯이 되어버린 날 너무나 야속했던 진한 아쉬움이 가슴 속에서 뭉게구름처럼 솟아올랐다.

「마음으로 채운 아침」 중에서

체험을 주 글감으로 쓰는 수필의 특성상 독자가 지루하지 않게 써야 하는 것이 매우 중요한 부분인데 이를 극복하기 위한 묘책이 유머이고 사경적 표현이다. 밋밋하기 쉬운 수필의 문장에 마치 사진을 찍은 경관을 보듯이 쓰는 사경적 표현이 들어감으로서 글은 생동감이 넘치고 독자를 강하게 잡아끄는 흡인력이 생긴다. 양호인의 수필은 전편이 사진 한 장을 보고 있는 것처럼 느껴질 정도의 사경적 묘사로 이루어진 경우가 많다.

그 길에서 만난 시골의 아침풍경, 그것은 마치 밀레의 그림처럼 60년대 서부영화의 한 장면처럼 아스라한 추억을 안고 내 카메라 안으로 들어왔다. 그 사진 한 장으로 그 전날들의 비행기 소동은 까맣게 잊혀져갔다. 새로운 세계로의 여행을 꿈꾸는 내 카메라의 화인더에는 영화와 같은 장면들이 담기기 시작했다.

-「영화의 한 장면처럼」 중에서

수필은 어느 장르의 문학작품 보다 유익한 정보를 글 속에 담을 수 있는 것이 특징임과 동시에 중요한 요소인데 양호인의 수필은 정보의 보고이다. 특히 이번 오지 여행의 글들은 일반인들이 많이 가보지 못한 곳의 이야기임으로 전체가 정보의 덩어리라 해도 과언이 아닐 정도의 소중한 내용들을 담고 있다. 새로운 것에 대한 눈 뜨임과 미지의 세계에 대한 호기심을 한 꺼풀 씩 벗겨나가는 즐거움을 독자에게 선물하는 글들이다. 이런 글을 씀에 있어 빠지기 쉬운 함정이 정보의 나열인데 양호인은 적절하게 자신의 체험과 관조를 통한 주제의 전달에 빈틈없는 구성으로 대처하고 있다.

양호인의 수필은 주제가 뚜렷한 장점을 지니고 있어 비슷한 환경의 오지를 가고 사진을 찍기위한 여러 가지 몸짓이 넓게 보면 같은 이야기임에도 불구하고 전혀 지루하거나 식상하지 않게 이어진다. 마치 방대한 사진첩을 함께 둘러앉아 보고 있는 것 같은 착각에 빠질 정도의 밀도를 지니고 있다.

전쟁 속의 포화처럼 셔터를 눌러댄 내 카메라 속에 잡힌 이 사진은 그날 내 마음을 온통 사로잡고 말았다. 소리 없는 불평을 내뱉던 내 입술은 어느새 다랑논에 반해 초승달처럼 예쁘고 촉촉한 모습으로 변해 있었다.

사라져버린 막내의 조그만 과수원엔 지금 쯤 감귤이 노랗게 익어가고 있을 텐데.

-「포화에 잡힌 다랑논」 중에서

부둣가의 삼형제에게도 먼 훗날 그들에게 사진을 찍어 주었던, 그리고 카메라를 든 나를 보며 알 수 없는 무서움에 떨었던 동생을 추억하며 살아갈 행복한 날이 되길 기원해 본다. 최소한 이 두 형제의 사진 만큼은 그곳으로 보내어 전해 질 수 있도록 해 보아야겠다. 그 아이들이 훗날 그들의 도타웠던 형제애를 추억할 수 있도록. -「부둣가의 삼형제」 중에서

양호인의 수필은 사랑으로 넘쳐난다. 세상에 대한, 인간에 대한 사랑이 글의 바닥을 흐르고 있음으로 글이 따뜻하다. 고향 제주를 노래할 때도 야단스럽게 풍광을 자랑하는 것이 아니라 속살을 슬며시 내비치며 그리움과 회상을 버무려 담아내는 솜씨를 지니고 있다. 오지를 얘기하는데 있어서도 그의 필법은 그 틀을 크게 벗어나지 않고 있다. 그러면서 낙후한 그들의 실상이 신기하게 비춰져 카메라를 들이대면서도 그 속에 과거의 우리를 투영하고 그들에 대한 미안함을 담아내면서 깊은 관조를 통한 주제의 형상화에 성공한 작품들로 독자를 만나고 있다.

동이 채 트기도 전 아침 준비를 끝낸 엄마는 서둘러 밭으로 향하시며 아직도 잠에 취해 있는 우리를 향해 얼른 일어나 밥 먹고 학교에 가라며 재촉하셨다. 졸린 눈을 부비며 나간 부엌에는 우리를 위한 밥상이 준비되어 있었다. 철없던 우리는 엄마가 아침을 드셨는지 걱정하지 않았다. 아침을 드시지 않았을거라는 생각은 해 본 적도 없었건 것 같다. 어쩌면 엄마가 아침 식사조차 거르고 서둘러 밭으로 나가셔서 사진 속의 이 분처럼 밭고랑에 물을 주고 계셨을지도 모르는 일인데도 말이다. 이 사진 속의 저 분은 아침은 드셨을까? 엄마처럼 부지런한 저 여인의 아침거리가 괜히 걱정된다. 가난한 마다의 살림살이로 미루어 짐작하건대 아침거리나 있을까? 공연한 걱정으로 셔

터를 누르는 손가락조차 무거워져 갔다.
먼 난라에 계신 엄마에게 묻고 싶다.
그날 아침은 드셨는지요 ? -「아침은 드셨는지요?」 중에서

양호인의 수필은 강한 메시지가 있는 특징을 지니고 있는데 그것은 한 마디로 희망과 긍정이다. 오지인들의 열악한 환경을 보면서 그들에게도 우리와 같은 미래가 있으리라는 희망을 강하게 내비치고 있다. 그리고 그들의 현실을 보면서 깊은 연민의 정을 갖고 우리의 과거를 투영한다. 그러면서 그들의 긍정적인 삶의 태도를 주목해 본다. 거기에 작가의 긍정적 사고가 함께 버무려지면서 그들에게 분명 밝은 미래가 있으리라는 희망의 주제를 형상화 시키고 있다.

얼룩소 두 마리가 힘차게 끄는 수레는 사람들을 가득 태우고 뿌연 흙먼지를 날리며 양옆으로 바오밥 나무가 웅장하게 서 있는 황톳길을 달린다. 아마도 그곳의 아비도 아이들의 마음도 그러하리라. 착한 바오밥 나무가 수 천 년을 지켜주는 황톳길을 달리며 아이들의 재잘거림에 희망도 걸고 미래도 걸고 있음이리라. 우리 부모님의 마음이 그랬던 것처럼. 「착한 바오밥 나무」 중에서

양호인에게 깊이 깔려있는 또 하나의 주제는 신앙심이다. 본인은 자신을 냉담자라고 고백하면서 신앙이 깊지 못함을 토로하고 있지만 그의 글을 보면 깊은 신앙심이 가슴 깊은 곳에서 옹달샘처럼 퐁퐁 솟아나고 있으며 그것이 그의 글을 펼쳐가는 또 하나의 동력임을 발견하게 된다.시바여왕의 나라를 가며 종교 시설들을 찍으면

서 자신도 모르게 성호를 긋고 있다는 표현은 인상적이다.

양호인이라는 수필가의 수필들을 보면 그의 문학세계의 근저를 이루는 것이 애국심과 민족애임을 발견하게 된다. 그는 어떤 글감이나 주제를 갖고 작품을 써도 그 바탕에는 나라 사랑과 우리 민족에 대한 자긍심이 면면히 흐르고 있다. 다만 그것을 앞에 깃발처럼 휘두르지 않는 구성의 세심함을 눈여겨보아야 한다.

여전히 불타고 있는 마다카스카르의 대지위에 고사리가 솟아오른 것처럼, 온나라에 기름을 부은 듯 들끓고 있는 우리에 일상에도 새로운 싹이 돋아날 수 있도록 시원스런 해결책이 속히 마련되었으면 하는 바람이다.

마다카스카르의 불타는 대지를 바라보며 안타까운 마음에 한숨짓던 내가 오늘은 신문과 방송을 보며 또다시 한숨짓게 될 줄이야. -「불타는 대지」 중에서

양호인은 행복은 객관적인 잣대로 결정되는 것이 아니라 극히 주관적인 평가로 얻어지는 것을 이 여행기 전편을 통해서 갈파하고 있다. 동시에 그는 오지 사람들의 삶을 보면서 쉴 새 없이 카메라에 담는 자신이 미안하고 그들은 진정 행복을 누리고 있는지도 모르는데 자신이 그들을 딱하게 생각하는 것이 주제 넘는 것 같다는 깊은 관조로 행복의 주관성에 대한 주제를 형상화 시키는데 성공하고 있다.

약간의 수줍은 표정을 지으며 살며시 다가와 난생 처음 보는 커다란 카메라 속의 자신들의 모습에 너무도 즐거워하며 깔깔 거린다. 마치 모델이라도 된 양 포즈를 잡는 그네들은 타고난 모델

그 자체이다. 그네들은 그날 우리를 바라보며 신세계를 경험했는지도 모른다. 즐거운 표정으로 우리를 따라다니며 펄쩍펄쩍 뛰는 아이들을 바라보는 어른들의 눈빛 또한 사랑으로 가득한 얼굴이다. 아마도 그들의 미소는 그들의 오늘 채취해낸 사금의 양보다 더 값진 행복한 눈빛일 것이다.

나는 그네들에게서 무언의 메시지를 읽는다. 아직도 욕망의 실타래를 놓지 못하는 우리네 삶의 어떤 단면들을 질타하는 그런 메시지 말이다. 그네들의 맑고 행복한 표정을 카메라에 담으며 나는 생각해야했다. 행복의 척도는 우리네 마음, 우리네 가슴 속에 담긴 욕망의 덩어리를 어떻게 끌어내는가에 있음을. (중략)

불과 50여년 뒤 지금의 우리가 그들보다 앞선 물질문명을 가진 덕에 더 행복하다고 생각하여 그들을 향한 안타까운 시선, 불행할 것이라는 시선을 가지고 있음은 우리만의 편견이 아닐까? 내가 담은 그 소녀의 표정을 보며 나는 부끄러운 내 마음을 숨겨야 했다.

-「부끄러운 내 마음」 중에서

여러 나라를 다녀온 여행기를 글감으로 썼을 때 자칫하면 여행안내 책자와 크게 다르지 않는 글로 가득하기 쉬운데 양호인은 단 두 나라, 그것도 오자를 다니며 사진을 찍는 목적여행을 글감으로 썼다. 오지여행의 긴장감도 살리고 주제를 선명하게 형상화 시키고 있는 양호인의 두번째 수필집 마다카스카르 여행은 사진과 함께 엮은 색다른 도전이다.

주제가 확실한 따뜻한 수필을 코로나로 힘든 시기에 출판하게 되어 의미가 더 크다는 생각에서 많은 독자의 손에 들려주기를 바라며 일독을 권한다.

양호인 포토에세이

그들의 상그릴라로

2020년 11월 15일 초판 발행
2020년 11월 20일 초판 발행

지은이 / 양 호 인

발행인 / 강 병 욱
발행처 / 도서출판 教音社

03147 서울 종로구 삼일대로 457 수운회관 1308호
Tel (02) 737-7081, 739-7879(Fax)
e-mail : gyoeum@daum.net
등록 / 제2007-000052호

* 잘못된 책은 바꿔 드립니다. 값 17,000원

ISBN 978-89-7814-803-0 03810

이 도서의 국립중앙도서관 출판예정도서목록(CIP)은 서지정보유통지원시스템 홈페이지
(http://seoji.nl.go.kr)와 국가자료공동목록시스템(http://www.nl.go.kr/kolisnet)에서
이용하실 수 있습니다. (CIP제어번호 : CIP2020047930)